Hans-Peter Richter

BGB SCHULDRECHT

Besonderer Teil 1

INHALTSÜBERSICHT

Seite

1. Teil UNERLAUBTE HANDLUNGEN

2. Teil BEREICHERUNGSRECHT

3. Teil GESCHÄFTSFÜHRUNG OHNE AUFTRAG

Hans-Peter Richter
Paul-Schroeder-Straße 18
24229 Dänischenhagen
Tel. 04349-1725
Fax 04349-571
e-mail: RICHTER-VERLAG@t-online.de
Website: www.Richter-Verlag.de
Druck und Verarbeitung: Sowa Druck Polen
Umschlaggestaltung: Stamp Media Druckerei & Klaunig, Kiel

18. Auflage 2021

ISBN 978-3-935150-21-7

Einleitung
Einführung, allgemeine Grundlagen

Warum dieses Buch?

Das Angebot an Lehr- und Lernbüchern und sog. Skripten ist inzwischen nahezu unüberschaubar. Wie sollen sich also Studierende orientieren, die einen Einstieg in das Zivilrecht suchen?

Während die Professoren überwiegend das klassische Lehrbuch empfehlen (am Liebsten natürlich das eigene!) und alle Arten von Skripten verteufeln, greifen Studierende zu Recht lieber zu leichterer und preiswerterer Kost. Diesem Bedürfnis der Studierenden nach einer knappen aber ausreichenden Darstellung trägt dieser *Grundkurs BGB Schuldrecht Besonderer Teil 1* Rechnung. Es werden die **wesentlichen Grundzüge der gesetzlichen Schuldverhältnisse im 2. Buch des BGB verständlich erläutert** und an einfachen **Fällen** veranschaulicht. Durch **Wiederholungsfragen** wird schließlich eine Lernkontrolle ermöglicht.

Der erste Teil befasst sich mit den **Unerlaubten Handlungen,** im zweiten Teil wird das **Bereicherungsrecht** behandelt und eine kurze Darstellung der **Geschäftsführung ohne Auftrag** rundet im dritten Teil das Thema ab..

So können Studierende wegen des überschaubaren Umfangs und der leicht nachvollziehbaren Art der Darstellung die wesentlichen Grundlagen des Stoffs **in kurzer Zeit erarbeiten**.

Um diesem Anliegen gerecht zu werden, wurde bewusst auf die Verarbeitung von Literatur und Rechtsprechung in Form von Zitaten weitgehend verzichtet und die sprachliche wie gedankliche Ausgestaltung sind ebenfalls diesem Zweck angepasst, um so ein möglichst unproblematisches Durcharbeiten zu gewährleisten.

Der Stoff wird nur soweit vertieft wie es nötig ist, so dass der "rote Faden" zum ersten Verständnis erhalten bleibt. Dementsprechend werden Streitstände und abweichende Ansichten nur an unumgänglichen Stellen erwähnt (auch wenn dabei bewusst die sog. "Wissenschaftlichkeit" des Werkes auf der Strecke bleibt!).

Dieses Buch will und kann das "klassische Lehrbuch" oder eine ***gute*** Vorlesung nicht ersetzen sondern es soll diese Lehrangebote ergänzen.

Die Gebrauchsanweisung für dieses Buch

Das Buch enthält jeweils drei große Blöcke:

1. Stoffvermittlung
2. Fallbearbeitung
3. Wiederholung / Lernkontrolle

Die **Stoffvermittlung** enthält eine straffe Darstellung der wesentlichen Grundzüge des zu behandelnden Stoffes.

In der **Fallbearbeitung** wird die Anwendung dieses Stoffes auf einen einfachen Fall geübt.

Die **Lernkontrolle / Wiederholung** erfolgt anhand von Fragen zum vorangegangenen Stoff. Die stichwortartigen Antworten sollte man zunächst für eine ernsthafte Selbstkontrolle abdecken.

Zu Beginn sollte der Leser den jeweiligen Stoff gründlich erarbeiten, d.h. der Stoffteil muss gelesen, verstanden und gelernt werden! Sodann ist der Bearbeitungsfall selbständig zu lösen und anschließend mit der Musterlösung zu vergleichen. Am Ende des Kapitels sollen die Wiederholungsfragen unbedingt beantwortet werden.

Hat man auf diese Weise Kapitel für Kapitel durchgearbeitet, empfiehlt es sich, in einem zweiten Durchgang zunächst noch einmal die Fälle selbständig zu lösen. Auch die Wiederholungsfragen sollte man nochmals beantworten (aufschreiben, welche Fragen nicht gewusst wurden und im Stoffteil des Buches nacharbeiten!). Soweit Literaturangaben vorhanden sind, sollte der Leser diese vertiefende Literatur nunmehr durcharbeiten. Konnten die Wiederholungsfragen nicht beantwortet werden, sollten diese zum Schluss nochmals bearbeitet werden. Auf diese Weise ist ein optimaler Lerneffekt gewährleistet.

Die Arbeit der Studierenden

Das Schuldrecht BT birgt im **Bereicherungsrecht** und den **Unerlaubten Handlungen** klausurrelevanten Stoff. Das Buch unternimmt den Versuch, dies für einen Überblick, den der Neuling in diesem Gebiet benötigt, hinreichend straff und "ballastfrei" darzustellen. Den Studierenden soll Schritt für Schritt Zugang zu den Fragen dieser Rechtsgebiete ermöglicht und gleichzeitig der Weg zu eigener sinnvoller Fallerfassung und Bearbeitung gezeigt werden.

Das Lernziel besteht nun aber nicht nur aus der dogmatischen Erfassung und Durchdringung des dargelegten Stoffes, sondern es sollte zumindest auch im Erlernen der Anwendung dieses Stoffes auf Fälle liegen. Ob in den Leistungsnachweisen während des Studiums, im Examen oder später in der Praxis, stets wird der Jurist mit einem Fall konfrontiert, den er zu bearbeiten und zu lösen hat.

Der vorliegende Band 4 der Reihe Juristische Grundkurse, BGB, Schuldrecht Besonderer Teil 1, stellt die elementaren Grundzüge der gesetzlichen Schuldverhältnisse dar. Es wird vor allem der klausurrelevante Bereich der Unerlaubten Handlungen und des Bereicherungsrechts eingehend aufbereitet, um einen leichten Einstieg in diese anspruchsvolle Materie zu finden.

Der abstrakte Stoff wird sodann in Falllösungen und Beispielfällen angewendet. Dabei soll gezeigt werden, wann und wo die jeweilige Frage innerhalb eines Falles Bedeutung erlangt. Bei den Musterlösungen wird vor allem gezeigt, wie die Frage systematisch sauber in die Lösung einzuarbeiten ist. Daneben sollen die Falllösungen ganz allgemein die Technik und Methodik der Fallbearbeitung vermitteln.

Die Literaturhinweise dienen der Vertiefung des Stoffes oder der Erschließung von im Skriptum nicht dargestellten Bereichen.

Empfehlenswert zur Vertiefung und Klausurvorbereitung das Buch von
Rauda / Zenthöfer, ***25 Fälle, Band 2, Schuldrecht***

1. Kapitel
Unerlaubte Handlungen gemäß § 823 Abs.1

Das Recht der unerlaubten Handlungen steht in den §§ 823 bis 852. Die Vorschriften dienen vor allem der Gewährung von Schadensersatz. Dieser deliktische Schadensersatz setzt, anders als beispielsweise der Schadensersatz des allgemeinen Schuldrechts, keine vertragliche Beziehung der Parteien zueinander voraus. Die Erfüllung eines Tatbestandes nach §§ 823 ff begründet vielmehr kraft Gesetzes eine schuldrechtliche Beziehung. Daher spricht man auch von **gesetzlichen Schuldverhältnissen**.

Von der gesetzlichen Konzeption her beinhalten die §§ 823 ff keine Generalklauseln, sondern klar umrissene Einzeltatbestände. Lediglich § 826 ist als Generalklausel anzusehen, doch gilt dieser nur für die seltenen, eng umrissenen Fälle vorsätzlicher sittenwidriger Schadenszufügung. Aber auch der ansonsten klar konturierte Tatbestand des § 823 birgt mit dem Merkmal "sonstiges Recht" eine generalklauselartige Formulierung. In der Tat hat sich hier durch richterliche Rechtsfortbildung der Tatbestand im Laufe der Jahrzehnte gewaltig ausgedehnt und dadurch fast generalklauselartigen Charakter angenommen.

Die Voraussetzungen des § 823 Abs.1

Der Prüfungsaufbau des § 823 Abs.1

Üblich ist es, die Prüfung des § 823 Abs.1 wie folgt aufzubauen:

1. Tatbestand
  a) Verletzendes Verhalten (Verletzungshandlung)
  b) Rechtsgutverletzung
  c) Kausalität zwischen a) und b)
2. Rechtswidrigkeit
3. Verschulden (Verantwortlichkeit)
4. Schaden
5. Kausalität zwischen Rechtsgutverletzung und Schaden

Die Punkte 1.-3. bezeichnet man auch als haftungsbegründenden Tatbestand, die Punkte 4. und 5. als haftungsausfüllenden Tatbestand.

Da aber nur bei Vorliegen eines adäquat-kausalen Schadens die Schadensersatzpflicht aus § 823 Abs.1 ausgelöst werden soll, wird es für möglich gehalten (m.E. richtigerweise), wie folgt aufzubauen:

1. Tatbestand
- **a) Verletzungshandlung**
- **b) Rechtsgutverletzung**
- **c) Kausalität zwischen a) und b)**
- **d) Schaden**
- **e) Kausalität zwischen Rechtsgutverletzung und Schaden**

2. Rechtswidrigkeit

3. Verschulden

Zweckmäßig ist es m.E. außerdem, den Tatbestand wie folgt aufzubauen:

1. Tatbestand
- **a) Rechtsgutverletzung**
- **b) Zur Rechtsgutverletzung führendes Verhalten des Anspruchsgegners**
- **c) Kausalität....**

Informieren Sie sich, wie der Aufbau an Ihrer Hochschule gewünscht wird - man wird Ihnen sicher erklären, dass dieser dann der allein richtige sei ....!!

Nachfolgend wird dem ersten Aufbaumuster gefolgt, da dieses wohl das in der Literatur und an den Unis derzeit herrschende ist.

Die Verletzungshandlung

Die Bezeichnung als Verletzungshandlung ist, obwohl eingebürgert, eigentlich nicht korrekt, denn man versteht darunter

jedes menschliche Verhalten, das vom Willen beherrschbar ist

sei es tatsächlich ein **Handeln** oder lediglich ein **Unterlassen**. Erfasst werden sollen insoweit insbesondere auch unbewusste Bewegungen, die aber vom Willen beherrschbar sind. Nur dort, wo eine Bewusstseinskontrolle des menschlichen Verhaltens nicht möglich ist, scheidet eine "Verletzungshandlung" aus.

***Bsp.**: Schlagen im Schlaf, epileptische Anfälle, Reflexe (str.).*

Beachten Sie: Wie im Strafrecht bei der actio libera in causa, so hat man auch hier in den Fällen, in denen die eigentlich verletzende Handlung in einem Zustand geschieht, in dem sie nicht mehr willensbeherrscht ist, möglicherweise an eine frühere Handlung anzuknüpfen. Diese ist dann als tatbestandsrelevante Verletzungshandlung zu untersuchen.

Sofern das maßgebliche Verhalten in einem **Unterlassen** besteht, ist es nur dann beachtlich, wenn eine **Rechtspflicht zum Handeln** bestand.

Die Rechtsgutverletzung

Durch das verletzende Verhalten muss eine der in § 823 Abs.1 genannten Rechtspositionen verletzt worden sein.

Die in § 823 Abs.1 genannten Rechtsgüter

Leben

Unter **Verletzung des Lebens** versteht man die Tötung eines Menschen. Schadensersatzberechtigte können in diesen Fällen selbstverständlich nur von der Tötung betroffene Dritte sein. Dazu hat das Gesetz in §§ 844, 845 spezielle Regelungen entwickelt.

Körper

Unter **Verletzung des Körpers** versteht man einen Eingriff in die körperliche Unversehrtheit oder, exakter,

eine üble unangemessene Behandlung, die das körperliche Wohlbefinden in nicht ganz unerheblicher Weise beeinträchtigt.

Gesundheit

Demgegenüber stellt es eine **Gesundheitsverletzung** dar, wenn

die inneren (geistigen oder körperlichen) Lebensvorgänge gestört

werden.

Der Übergang zwischen beiden Arten der Rechtsgutverletzungen ist fließend. Eine genaue Abgrenzung erübrigt sich jedoch, da beide gleichermaßen dem Betroffenen den Schutz des § 823 Abs.1 gewähren. Häufig fallen beide Formen der Rechtsgutverletzung nebeneinander an.

***Bsp.**: A schießt B nieder, durch die Schussverletzung fällt B in dauernde Bewusstlosigkeit.- Die Schussverletzung stellt eine Körperverletzung dar. Bei der Bewusstlosigkeit handelt es sich dagegen um eine Gesundheitsbeschädigung.*

Freiheit

Unter einer Verletzung des Rechtsguts Freiheit versteht man

jede Beeinträchtigung der körperlichen Bewegungsfreiheit

Nicht erfasst werden sollen Fälle, in denen lediglich die **Willensbetätigungsfreiheit** eingeschränkt ist (str., vgl. Palandt-Sprau § 823, 6).

***Bsp.:** A droht B er werde dessen Kind verprügeln, wenn er wieder ins Bordell gehe. - Nach h.M. keine Verletzung der körperlichen Bewegungsfreiheit.*

Eigentum

Eine **Eigentumsverletzung** liegt vor, wenn der

Eigentümer einer Sache in der Ausübung seines Eigentumsrechts, wie es sich aus § 903 ergibt, beeinträchtigt wird

Eine Beeinträchtigung kann jedoch nur dort und insoweit vorliegen, als der Eigentümer nicht verpflichtet ist, aufgrund anderer Vorschriften, vertraglicher Vereinbarung oder übergeordneter Rechtsgrundsätze, die Beeinträchtigung seiner Eigentumsausübung zu dulden. Als Eigentumsbeeinträchtigung kommen insbesondere Substanzeinwirkungen (z.B. Zerstörungen, Beschädigungen der Sache, aber auch deren Verunstaltung - so auch Farbschmierereien) in Frage. Daneben sind als Eigentumsverletzung Gebrauchsbeeinträchtigungen beachtlich, so z.B. der Sachentzug oder das Zuparken von Autos. Schließlich fallen unter eine Eigentumsbeeinträchtigung auch die Sachentziehung und die Einwirkung auf die Rechtsstellung des Eigentümers, z.B. wenn ein Dritter über die Sache verfügt, an ihr Pfandrechte bestellt oder sie sonst belastet.

Beachten Sie: Nimmt ein Besitzer gegenüber dem Eigentümer beeinträchtigende Handlungen vor, so ist stets zuerst das Eigentümer-Besitzer-Verhältnis der §§ 985 ff zu prüfen, da dieses unter bestimmten Voraussetzungen die §§ 823 ff ausschließt.

Näheres zum Eigentümer-Besitzer-Verhältnis im Band 6 "Sachenrecht 1".

Sonstiges Recht

Schließlich nennt § 823 als relevante Rechtsgutverletzung die **Verletzung eines "sonstigen Rechts"**. Problematisch ist der Inhalt dieses Tatbestandsmerkmals. Aufgrund seiner Stellung neben den anderen Rechtsgütern ist anerkannt, dass sonstige Rechte im Sinne des § 823 solche sind, die, ähnlich wie das Eigentum, absoluten Rechtsschutz, d.h. Abwehrrechte gegenüber jedermann, gewähren.

Sonstige Rechte sind zunächst alle dinglichen Rechte (z.B. Hypothek, Grundschuld, Rentenschuld, Erbbaurecht, Dienstbarkeiten, Pfandrechte). Aber auch immaterielle Rechte (z.B. Warenzeichen, Gebrauchsmuster, Patent- und Urheberrechte sowie das Firmenrecht des Kaufmanns) fallen darunter.

Str. ist, ob und inwieweit der **Besitz** ein sonstiges Recht darstellt - vgl. dazu 2. Kapitel, S.13.

Durch richterliche Rechtsfortbildung sind ferner das **"Recht am eingerichteten und ausgeübten Gewerbebetrieb"**, sowie das **"allgemeine Persönlichkeitsrecht"** als sonstige Rechte mittlerweile unter bestimmten Voraussetzungen anerkannt.

Siehe dazu unten im 2. Kapitel, S 14 ff.

Wichtig: **Kein absolut geschütztes Rechtsgut ist das Vermögen als solches. Dazu zählen auch Forderungen!!**

Die haftungsbegründende Kausalität

Die Kausalität zwischen verletzendem Verhalten und Rechtsgutverletzung bezeichnet man als haftungsbegründende Kausalität.

Die Kausalität im Zivilrecht bestimmt sich nach der **Adäquanztheorie**. Adäquat kausal ist ein Verhalten stets dann,

**wenn es nicht hinweg gedacht werden kann,
ohne dass der Erfolg in seiner konkreten Gestalt entfiele
und der Eintritt eines solchen Erfolges
nicht außerhalb der allgemeinen Lebenswahrscheinlichkeit liegt.**

Dementsprechend muss das verletzende Verhalten vor allem nach der Lebenswahrscheinlichkeit geeignet sein, eine Verletzung des betreffenden Rechtsgutes herbeizuführen.

Die Rechtswidrigkeit

Neben dem vorgenannten (objektiven) Tatbestand des § 823 Abs.1 ist stets erforderlich, dass das verletzende Verhalten rechtswidrig war. Grundsätzlich gilt hier, wie auch im Strafrecht, dass die Erfüllung des Tatbestandes regelmäßig auch die Rechtswidrigkeit nach sich ziehen wird (sogenannte Indizwirkung des Tatbestandes).

Vgl. näher dazu JURISTISCHE GRUNDKURSE, Band 2, "Strafrecht AT/1"

Daher ist in einer Falllösung an dieser Stelle nur zu prüfen, ob die Rechtswidrigkeit ausnahmsweise einmal nicht aus der Tatbestandsmäßigkeit folgt. Das ist vor allem dann der Fall, wenn zugunsten desjenigen, der das verletzende Verhalten vornahm, ein Rechtfertigungsgrund eingreift.

Als Rechtfertigungsgründe kommen in Betracht: Notwehr (§ 227); defensiver Notstand (§ 228); Selbsthilferecht (§ 229); Besitzkehr (§ 859 Abs.2, 3) und Besitzwehr (§ 859 Abs.1); aggressiver Notstand (§ 904); sowie weitere strafrechtliche Rechtfertigungsgründe. Da auch die zivilrechtlichen Rechtfertigungsgründe ihre nähere Begriffsausfüllung und Behandlung im Strafrecht erfahren haben, wird auf das Buch **"Strafrecht AT/1"**, Band 2 der JURISTISCHEN GRUNDKURSE, verwiesen.

Nach einer Auffassung ist dabei das Erfolgsunrecht maßgebend, (verstößt der eingetretene Handlungserfolg gegen die Rechtsordnung) nach anderer Ansicht ist dagegen auf das Handlungsunrecht abzustellen, also ob die Verletzungshandlung gegen die Rechtsordnung verstieß. Vgl. dazu auch Palandt/Sprau § 823,24.

Verschulden (Verantwortlichkeit)

Weiter setzt eine Haftung aus § 823 Abs.1 Verschulden voraus.

Anders als im Strafrecht, wo nach der dort herrschenden Lehre der Vorsatz im Sinne der finalen Handlungslehre als ein Teil des Tatbestandes zu begreifen ist, folgt das Zivilrecht nach wie vor der kausalen Handlungslehre, die den Vorsatz als einen Teil der Schuld ansieht.

Grundsätzlich reicht gem. § 276 Abs.1 für ein Verschulden im Sinne von § 823 Abs.1 jede Form von **Fahrlässigkeit** und jede **Vorsatzform** aus.

Gem. § 276 Abs.2 handelt fahrlässig, wer die im Verkehr erforderliche Sorgfalt außer Acht lässt.

Es reicht jede Form der Fahrlässigkeit aus, da das Deliktsrecht insoweit nicht zwischen den Graden der Fahrlässigkeit unterscheidet. Folglich genügen auch geringste Pflichtwidrigkeiten für das Verschuldenserfordernis.

Vorsätzlich handelt, - stark vereinfacht und generalisierend dargestellt -, wer mit Wissen und Wollen das tatbestandliche Unrecht verwirklicht.

Zu den einzelnen Vorsatzformen vgl. Skript "Strafrecht AT/1".

Das Verschulden muss sich auf Verletzungshandlung, Rechtsgutverletzung und haftungsbegründende Kausalität, nicht aber auf den Schaden erstrecken.

Weiter bedarf es daneben noch eines besonderen Verschuldensmerkmales: eines entsprechenden Unrechtsbewusstseins. Darunter versteht man das Bewusstsein, sich rechtswidrig zu verhalten.

Für § 823 Abs.1 ist, da ja bereits Fahrlässigkeit als Verschulden ausreicht, meist ein näheres Eingehen auf die verschiedenen Formen des Vorsatzes nicht erforderlich.

Weitere Voraussetzung für Verschulden ist **Verschuldensfähigkeit des Handelnden**. Die Verschuldensfähigkeit richtet sich nach den §§ 827, 828.

Verschuldensunfähig sind danach Personen, die das siebente Lebensjahr nicht vollendet haben oder solche, die sich zur Tatzeit in einem Zustand der Bewusstlosigkeit oder in einem die freie Willensbestimmung ausschließenden Zustand krankhafter Störung der Geistestätigkeit befunden haben. Beachten Sie in diesem Zusammenhang die Ausnahme in § 827 S.2 - lesen!

Außerdem sind Personen bis zum 10. Lebensjahr neuerdings für bestimmte Unfallschäden nicht verantwortlich, sofern sie nicht vorsätzlich herbeigeführt wurden, § 828 Abs.2, zumindest soweit der Unfall Ausdruck einer typischen Überforderungssituation des Kindes durch die Gefahren des motorisierten Straßenverkehrs ist.

Beschränkt verschuldensfähig ist gem. § 828 Abs.3, wer das siebente, aber nicht das 18. Lebensjahr vollendet hat. Bei beschränkter Verschuldensfähigkeit kommt eine Haftung für einen angerichteten Schaden nur dann in Betracht, wenn der Betreffende die zum normgerechten Verhalten erforderliche Einsichtsfähigkeit besaß.

Alle anderen Personen gelten als voll verschuldensfähig im Sinne des Gesetzes.

Hinweis: Liegt Verschulden vor, ist der haftungsbegründende Tatbestand des § 823 Abs.1 erfüllt und es besteht ein Anspruch dem Grunde nach.

Schadenseintritt

Für einen Ersatzanspruch aus § 823 Abs.1 ist weiter der Eintritt eines Schadens erforderlich. Anders als bei der Rechtsgutverletzung kommt hier

jede Beeinträchtigung einer vermögenswerten Rechtsposition

in Betracht. Damit fallen auch bloße Vermögenseinbußen unter den Schadensbegriff. Oft wird der Schaden sich aus der Rechtsgutverletzung unmittelbar ergeben (z.B. die Zerstörung einer Sache führt unmittelbar zu einer Vermögensverringerung), manchmal kann der Schaden aber auch in einer sonst eingetretenen Vermögensverschlechterung bestehen (z.B. die Zahlung der Arztkosten nach einer Körperverletzung usw.).

Haftungsausfüllende Kausalität

Als haftungsausfüllende Kausalität bezeichnet man den **Kausalzusammenhang zwischen Rechtsgutverletzung und Schaden**, der auch hier nach der Adäquanztheorie bestimmt wird. Es muss demnach die Rechtsgutverletzung adäquat den Schaden verursacht haben. Es darf also nicht außerhalb der Lebenswahrscheinlichkeit liegen, dass eine solche Rechtsgutverletzung zu einem derartigen Schaden führt.

Rechtsfolge des § 823 Abs. 1

Sind alle Voraussetzungen des § 823 Abs. 1 erfüllt, so hat der Geschädigte einen Anspruch auf Schadensersatz.

Fall 1:

Briefträger B wird vom Pudel des X wieder einmal angefallen. Schon letztes Mal hatte B eine schmerzhafte Bisswunde davongetragen. Deshalb erwehrt er sich des Pudels mit einem kräftigen Fußtritt. Der Pudel bleibt tot liegen. X verlangt Schadensersatz. Zu Recht?

Lösungsvorschlag

X könnte gegen B einen Anspruch auf Schadensersatz aus § 823 Abs.1 haben.

Dann müsste zunächst der Tatbestand dieser Vorschrift erfüllt sein. Dies setzt ein verletzendes Verhalten des Schädigers, also hier B, voraus. Darunter ist jede von einem menschlichen Willen getragene Verhaltensweise zu verstehen. Als B den Pudel trat, tat er dies bewusst, also von seinem Willen getragen. Ein verletzendes Verhalten liegt mithin vor.

Weiter ist eine Rechtsgutverletzung erforderlich. In Betracht kommt hier eine Verletzung des Eigentums von X. Im vorliegenden Sachverhalt geht es um einen Pudel. Fraglich ist jedoch, ob auch an Tieren Eigentum bestehen kann. Grundsätzlich kann Eigentum nur an Sachen begründet werden, vgl. § 903. Aus § 90a ergibt sich, dass es sich bei Tieren nicht um Sachen handelt, jedoch die Sachen betreffenden Vorschriften grundsätzlich auch auf Tiere angewandt werden können. Da in diesem Zusammenhang entgegenstehende Regelungen, insbesondere aus Tierschutzgesetzen, nicht ersichtlich sind, kann Eigentum an einem Tier, also auch an dem Pudel, begründet werden. Da der Pudel X gehört, kann davon ausgegangen werden, dass der Pudel in dessen Eigentum stand. Mit der Tötung des Pudels ist deshalb eine Eigentumsverletzung gegeben.

Als dritte Voraussetzung des Tatbestandes ist Kausalität zwischen verletzendem Verhalten und Rechtsgutverletzung erforderlich. Im Zivilrecht bestimmt man die Kausalität nach der Adäquanztheorie, nach der jedes Verhalten kausal ist, das nicht hinweggedacht werden kann, ohne dass der Erfolg entfiele und das nach allgemeiner Lebenserfahrung dazu geeignet ist, einen derartigen Erfolg herbeizuführen. Hätte nun B den Pudel des X nicht getreten, wäre dieser nicht getötet worden, also die Eigentumsverletzung bei X nicht eingetreten. Mithin kann das Verhalten des B nicht hinweggedacht werden, ohne dass der Erfolg entfiele. Auch ist ein kräftiger Fußtritt der Lebenswahrscheinlichkeit nach geeignet, ein relativ zartes Lebewesen wie einen Pudel zu töten, also das Eigentum zu zerstören. Mithin liegt Kausalität zwischen verletzendem Verhalten und Rechtsgutverletzung vor.

Damit ist der Tatbestand des § 823 Abs.1 erfüllt.

Damit wäre das Verhalten des B auch rechtswidrig, es sei denn, es griffen zu seinen Gunsten Rechtfertigungsgründe ein.

In Betracht käme zunächst eine Rechtfertigung aus § 32 StGB. Dieser setzt jedoch einen Angriff, also eine durch Menschen drohende Rechtsgutverletzung, voraus. Da es sich hier um eine Tierattacke handelt, fehlt es an dem Angriff.

In Betracht kommt jedoch auch eine Rechtfertigung aus § 228. Es kann lebensnah davon ausgegangen werden, dass der Pudel den B beißen will. Damit wird durch die Attacke des Pudels die körperliche Integrität des B bedroht. Da ferner anzunehmen ist, dass bei einem solchen Biss seine Hose Schaden nehmen wird, ist auch das Eigentum des B gefährdet. Diese Bedrohung geht auch von einer Sache, nämlich dem Pudel, aus, so dass eine Notstandslage im Sinne des § 228 vorliegt.

Mit dem Tritt gegen den Pudel greift B unmittelbar in die Sache ein, von der die Gefahr ausgeht. Dem Sachverhalt ist nicht zu entnehmen, dass X andere, relativ mildere Mittel zur Verfügung gehabt hätte, die den Angriff ebenso nachhaltig hätten abwehren können. Es muss deshalb davon ausgegangen werden, dass seine Eingriffshandlung auch erforderlich war.

Schließlich ist jedoch auch noch die Verhältnismäßigkeit der Abwehrhandlung notwendig. Der durch die Tötung des Pudels angerichtete Schaden darf nach § 228 auch größer sein als der Wert des geretteten Gutes, nur darf er nicht außer jeden Verhältnisses dazu stehen. Hier steht der Wert eines normalen Pudels einerseits gegen die körperliche Integrität des B und dessen Eigentum der Hose andererseits. Da dem Sachverhalt konkrete Wertangaben insoweit fehlen, kann man nur von allgemeinen Erwägungen ausgehen. Festzuhalten ist, dass die körperliche Integrität durchaus als erheblich höherwertiger als das Eigentum anzusehen ist. Nach der oben dargestellten Verhältnismäßigkeitsklausel ist daher jedenfalls der angerichtete Schaden nicht unverhältnismäßig groß gegenüber dem geretteten Gut. Eher spricht vieles dafür, dass das gerettete Rechtsgut der körperlichen Integrität sogar den angerichteten Schaden überwiegt. Verhältnismäßigkeit im Sinne des § 228 ist somit gegeben.

Da schließlich B auch mit Verteidigungswillen handelte, liegt das subjektive Rechtfertigungselement ebenfalls vor, so dass B gem. § 228 BGB gerechtfertigt ist. Damit fehlt es an der Rechtswidrigkeit, so dass X keinen Anspruch gegen B auf Schadensersatz aus § 823 Abs.1 hat.

Auf die Frage, ob auch dem B ein Schaden entstanden und in welchem Umfang er ihm zu ersetzen ist, muss - und darf – wegen der Fallfrage nicht eingegangen werden.

§§§§§§§§§§§§§§§§§§§§§§§§§§§§

Wiederholungsfragen 1. Kapitel

1. Was setzt § 823 Abs.1 voraus?	Tatbestand, Rechtswidrigkeit, Verschulden
2. Wie ist der TB unterteilt?	Verletzungshandlung, Rechtsgutverletzung, Kausalität
3. Was fällt auch unter das verletzende Verhalten?	Unterlassen, sofern eine Handlungspflicht besteht
4. Was scheidet dabei aus?	Reflexe, nicht vom Bewusstsein getragenes Verhalten
5. Was kennzeichnet die Verletzung des Körpers?	Eingriff in die körperliche Unversehrtheit
6. Was die Gesundheitsbeschädigung?	Störung innerer Lebensvorgänge
7. Was fällt nicht unter Verletzung der Freiheit?	Einschränkung der Entscheidungsfreiheit
8. Was ist bei Eigentumsbeeinträchtigungen zu prüfen?	Ob eine Duldungspflicht bestand
9. Was erfasst das "sonstige Recht"?	Besitz, eingerichteten und ausgeübten Gewerbebetrieb, allg. Persönlichkeitsrecht
10. Was zählt nicht dazu?	Das Vermögen
11. Was beschreibt haftungsbegründende Kausalität?	Kausalität zwischen Handeln und Rechtsgutverletzung
12. Was die haftungsausfüllende Kausalität?	Kausalität zwischen Rechtsgutverletzung und Schaden
13. Wie bestimmt man Kausalität im Zivilrecht?	Nach der Adäquanztheorie
14. Was ist bei der Rechtswidrigkeit zu prüfen?	Rechtfertigungsgründe
15. Wer handelt fahrlässig?	Wer die im Verkehr erforderliche Sorgfalt außer Acht lässt
16. Was ist für Verschulden noch erforderlich?	Verschuldensfähigkeit und Unrechtsbewusstsein
17. Wo ist der Schaden bei § 823 zu prüfen?	Nach dem Verschulden bzw. nach der haftungsbegründenden Kausalität
18. Rechtsfolge des § 823?	Schadensersatz

2. Kapitel
Sonderprobleme des § 823 Abs.1

Mangel der Kaufsache als Eigentumsverletzung

Beim Erwerb einer mangelhaften Sache liegt keine Eigentumsverletzung vor, da der Gegenstand bereits den Mangel aufwies als er erworben wurde, es also an der für den § 823 erforderlichen Verletzung des Eigentums **beim** Anspruchsteller fehlt.

Eine Eigentumsverletzung liegt aber dann vor, wenn der bei Erwerb vorhandene Mangel zu einer Verschlechterung / Untergang der Sache führt, da dann insoweit das Eigentum beim Anspruchsteller beeinträchtigt wird (sog. weiter fressender Mangel), str.

Bsp.: *K kauft ein Auto mit falscher Bereifung. Infolge der mangelhaften Bereifung kommt es zu einem Unfall, das Auto wird zerstört. – Hier ist nicht der ursprüngliche Mangel (Reifen) sondern der Unfallschaden die Eigentumsverletzung.*

Zum Meinungsstand: Dahlkamp, Streitstände Kompakt Bd.4, Streitstand Nr. 61.

Der Besitz als sonstiges Recht im Sinne des § 823

Obwohl der Besitz anerkanntermaßen kein absolutes Recht ist, gewährt er dem unmittelbaren Besitzer jedoch in §§ 858 ff ein weitgehendes Recht zur Erhaltung oder Wiedererlangung bzw. Beendigung von Störungen des Besitzes. Das Gebrauchsrecht des Besitzers ist in vielen Fällen ähnlich ausgestaltet wie das des Eigentümers. Aufgrund dieses Charakters der rein tatsächlichen Besitzposition wird überwiegend vertreten, dass der Besitz einem absoluten Recht ähnlich, diesem deshalb gleichzustellen und daher der Besitz als "Sonstiges Recht" anzusehen sei.

Fraglich ist lediglich, ob nur der berechtigte unmittelbare Besitz oder weitergehend auch der unberechtigte unmittelbare Besitz ein sonstiges Recht darstellt.

Bsp.: *M hat von V eine Sache gemietet. Der Dritte D entzieht M vorübergehend den Besitz. - War während des Besitzentzuges der M gegenüber V aufgrund des Mietvertrages zum Besitz berechtigt, so steht ihm nach allen Ansichten ein Schadensersatzanspruch gegen D zu. War die Mietzeit hingegen bereits abgelaufen, so war der Besitz des M unberechtigt und es ist umstritten, ob dann M gegen D Ansprüche geltend machen kann.*

Zum Meinungsstand: Dahlkamp, Streitstände Kompakt Bd.4, Streitstand Nr.63

Grundsätzlich soll auch der **mittelbare Besitzer** (§ 868) über § 823 Abs.1 geschützt sein. Dies wird allerdings dahingehend eingeschränkt, dass der mittelbare Besitzer gegenüber dem unmittelbaren Besitzer keine Ansprüche aus § 823 Abs.1 geltend machen kann, da die schuldrechtliche Beziehung zwischen mittelbarem und unmittelbarem Besitzer ausreichenden Schutz gewähre.

Näheres dazu im Skript **JURISTISCHE GRUNDKURSE**, Bd.6, Sachenrecht 1.

Das Recht am eingerichteten und ausgeübten Gewerbebetrieb

Das Recht am eingerichteten und ausgeübten Gewerbebetrieb wird bereits seit der Zeit des Reichsgerichts als sonstiges Recht im Sinne des § 823 Abs.1 angesehen (str.). Geschützt werden sollen über § 823 Abs.1 vor allem der Kundenstamm und die Geschäftsbeziehung des Gewerbetreibenden, also letztlich der gesamte Tätigkeitsbereich eines Gewerbebetriebes. Nicht erfasst werden unter diesem Stichpunkt Schäden am sachlichen Bestand des Gewerbebetriebes, da diese bereits wegen Verletzung des Eigentums oder Besitzes über § 823 Abs.1 zu erfassen sind.

Zwar ist nicht unumstritten, ob das Recht am eingerichteten und ausgeübten Gewerbebetrieb unter § 823 Abs.1 zu erfassen ist, jedoch wird dies von der Rechtsprechung und großen Teilen der Literatur unter folgenden **Voraussetzungen** anerkannt:

1. keine andere Anspruchsgrundlage für einen Schadensersatzanspruch

Es darf also keine gesetzliche Regelung zum Zuge kommen. In Betracht kommen neben §§ 823 ff vor allem Schutzvorschriften des Wettbewerbsrechts.

2. eingerichteter und ausgeübter (Gewerbe)Betrieb

Es muss sich um einen **eingerichteten und ausgeübten (Gewerbe)Betrieb** handeln. Der Betrieb muss demnach auf Gewinnerzielung ausgerichtet und auf Dauer angelegt sein. Obwohl freiberufliche, wissenschaftliche und künstlerische Betätigungen kein Gewerbe darstellen, sollen sie dennoch hier erfasst werden.

3. Eingriff unmittelbar gegen den betrieblichen Tätigkeitskreis

Der **Eingriff** muss sich **unmittelbar gegen den betrieblichen Tätigkeitskreis** richten. Dazu sollen insbesondere der Kundenstamm, Warenbezeichnungen, Geschäftsverbindungen, Außenstände usw. zählen. Da der Betrieb aber nicht gegen jede beliebige, sondern nur gegen ganz bestimmte missbilligte Beeinträchtigungen geschützt werden soll, verlangt die höchstrichterliche Rechtsprechung die **Unmittelbarkeit des Eingriffs**. Zwar soll es dafür auf den jeweiligen Einzelfall ankommen, ob diese Unmittelbarkeit anzunehmen ist, es hat sich aber als generelle Leitlinie herausgebildet, dass sich der Eingriff spezifisch gegen den Gewerbebetrieb richten muss, also **betriebsbezogen** ist.

Fall 2:

B ist als Bauunternehmer tätig. Bei Bauarbeiten beschädigt er mit seinem Bagger ein Stromkabel, wodurch es u.a. in der Fabrik des U zu einem Stromausfall kommt. Dies führt dazu, dass U seine Produktion vorübergehend einstellen muss und dadurch Mindergewinne erleidet. U verlangt von B Ersatz des Mindergewinnes. Zu Recht?

Lösungsvorschlag

U könnte gegen B einen Anspruch auf Schadensersatz aus § 823 Abs.1 haben.

Dann müsste zunächst ein verletzendes Verhalten seitens des B gegeben sein. Indem B seinen Bagger derart betätigte, dass er damit das Stromkabel zerriss, liegt im Führen des Baggers ein vom Willen getragenes menschliches Handeln vor. Das verletzende Verhalten ist mithin gegeben.

Weiter bedarf es einer Rechtsgutverletzung. In Betracht kommt hier eine Beeinträchtigung des Eigentums. Ein Eingriff in Eigentum wird nur dann angenommen, wenn auf die Sache selbst eingewirkt wird. Da hier jedoch das Stromkabel, das im Eigentum der Elektrizitätswerke stehen dürfte, beschädigt wird, liegt kein Eingriff in das Eigentum des U vor.

Allerdings ist dieses Ergebnis, m. E. mit beachtlichen Argumenten, in Frage gestellt worden. Es gehöre nach § 903 zum Inhalt des Eigentums, mit diesem nach Belieben zu verfahren, also dieses auch beliebig zu nutzen. Hier sei aber gerade die Nutzung des Betriebes (Eigentum) zur Produktion nicht mehr möglich. Daher könne man in derartigen Fällen durchaus eine Eigentumsverletzung bejahen.

In Betracht kommt aber die Verletzung eines sonstigen Rechtes. Als sonstiges Recht gilt auch das Recht am eingerichteten und ausgeübten Gewerbebetrieb.

Erforderlich ist damit ein betriebsbezogener, gerade gegen die gewerbliche Tätigkeit gerichteter Eingriff in das Unternehmen, der nicht nach anderen Rechtsgrundlagen ersatzfähig ist.

Da es an vertraglichen Beziehungen zwischen U und E fehlt, scheiden vertragliche und vertragsähnliche Ansprüche ebenso aus, wie solche aus § 823 Abs.1 (Eigentum), s.o. Der für § 826 notwendige Vorsatz fehlt ebenfalls, so dass dem subsidiären Charakter dieses sonstigen Rechts Rechnung getragen ist.

Ferner müsste es sich um einen Gewerbebetrieb handeln, den U ausübt. Er hat offenbar einen produzierenden Betrieb, der mangels anderer Angaben die Anforderungen an einen Gewerbebetrieb erfüllen dürfte.

Unter der Betriebsbezogenheit des Eingriffes versteht man einen Eingriff, der sich gerade gegen den Betrieb als solchen richtet. Hier hat B das Stromkabel der Elektrizitätswerke beschädigt und damit auch in den laufenden Gewerbebetrieb des U eingegriffen. Jedoch bedarf es insoweit eines unmittelbaren Bezuges dieses Eingriffes zum Betrieb des Geschädigten selbst. Da es sich in diesem Fall um eine zufällige Auswirkung gerade auf diesen Betrieb, nicht um ein typisches, gegen den Schutzbereich des Gewerbebetriebes gerichtetes Verhalten handelt, ist der Eingriff nicht betriebsbezogen. Es fehlt somit an dem erforderlichen unmittelbaren Bezug des Eingriffs zum Betrieb.

Damit mangelt es an einer Voraussetzung für den Eingriff in den ausgeübten und eingerichteten Gewerbebetrieb. Somit liegt keine Verletzung eines sonstigen Rechts vor, also hat U keinen Anspruch auf Schadenersatz gegen B aus § 823 Abs.1.

§§§§§§§§§§§§§§§§§§§§§§§§§§§§§§

Das allgemeine Persönlichkeitsrecht als sonstiges Recht im Sinne des § 823 Abs.1

Da das BGB die Persönlichkeitsrechte des Bürgers nicht hinreichend schützt, hat die Rechtsprechung das allgemeine Persönlichkeitsrecht als sonstiges Recht im Sinne des § 823 Abs.1 anerkannt. Insbesondere Ehrverletzungen können daher erfasst werden. Zwar könnte man diese auch über § 823 Abs.2 berücksichtigen, doch setzen die einschlägigen Strafvorschriften vorsätzliches Handeln voraus. Die Bedeutung des allgemeinen Persönlichkeitsrechts liegt daher vor allem in **fahrlässigen Beeinträchtigungen** des Persönlichkeitsrechts.

Anerkannt sind folgende **Fallgruppen**:

1. Verletzung der Sozialsphäre

Wichtigster Bereich der Sozialsphäre ist der besonders geschützte Berech der **Privatsphäre**. Ein **Eindringen in die Privatsphäre** liegt insbesondere bei heimlichen Bildaufnahmen, Tonbandaufzeichnungen etc. vor. Wesentlicher Bestandteil der Prüfung in solchen Fällen ist stets eine **umfassende Abwägung** der sich widerstreitend gegenüberstehenden Interessen der Beteiligten.

2. Weitergabe von Angelegenheiten aus fremder Privatsphäre

Ebenfalls ist anerkannt, dass die **Weitergabe von Angelegenheiten aus fremder Privatsphäre** (z.B. Veröffentlichungen von privaten Briefen, Aufzeichnungen; Verwendung von Namen, Bildern etc. zu Werbezwecken) eine Persönlichkeitsrechtsverletzung darstellt.

3. Verletzung der Ehre

Dies kommt bei ehrverletzenden Äußerungen und Darstellungen in Betracht.

Dazu Brox/Walker § 45, 25.

Zum sog. postmortalen Persönlichkeitsrecht: Brox/Walker § 45, 26.

Familienrechte als sonstige Rechte i.S.d. § 823 Abs.1

Fraglich ist, inwieweit Familienrechte gleichfalls als sonstige Rechte im Sinne des § 823 Abs.1 anzusehen sind. Während dies für die elterliche Gewalt allgemein anerkannt wird, ist umstritten, inwieweit der Schutz der ehelichen Lebensgemeinschaft hier erfasst wird. Dabei geht es vor allem um die Frage, ob und welche Ansprüche bei Scheitern der Ehe gegen den „untreuen Ehegatten" und/oder einen Dritten („Ehestörer") möglich sind. Außerdem ist fraglich, ob zu Unrecht gezahlter Kindesunterhalt Ansprüche aus § 823 Abs.1 auslösen kann.

Dazu näher Palandt/Sprau, § 823, 17f.

Besondere Probleme bei der Rechtswidrigkeit

Während allgemein bei den unerlaubten Handlungen die Tatbestandsmäßigkeit automatisch zur Rechtswidrigkeit führt, sofern nicht Rechtfertigungsgründe vorliegen, ist zweifelhaft, ob dies in gleicher Weise auch für die Fälle des eingerichteten und ausgeübten Gewerbebetriebes und des allgemeinen Persönlichkeitsrechts gilt. Da sich viele der in Rede stehenden Beeinträchtigungen aus Verhaltensweisen ergeben, die ihrerseits prinzipiell erlaubt sind, ist es sachgerecht, hier stets die Rechtswidrigkeit positiv festzustellen. Dazu hat man zweckmäßigerweise die sich gegenüberstehenden Interessen, Rechte und Pflichten gegeneinander abzuwägen. Vielfach wird dabei auch der Gedanke der Sozialadäquanz aus dem Strafrecht übernommen. Man stellt dann darauf ab, ob sich die schädigenden Handlungen im Rahmen der Regeln eines geordneten gemeinschaftlichen Zusammenlebens halten. Nur wenn dies zu verneinen ist, liegt Rechtswidrigkeit vor.

Probleme bestehen bei Schäden, die einem Gewerbebetrieb durch Streiks entstehen. Hier gilt es das Recht am eingerichteten und ausgeübten Gewerbebetrieb gegenüber dem Streikrecht abzuwägen.

Andererseits kollidiert das allgemeine Persönlichkeitsrecht bei der Verwertung von Material aus der Privatsphäre durch Presse oder Fernsehen mit dem Recht auf Meinungs- und Pressefreiheit.

Vgl. zu diesem Problemkreis genauer: Brox/Walker § 41, 55ff.

Die Tatbestandsverwirklichung des § 823 Abs.1 durch Unterlassen

Der Tatbestand des § 823 Abs.1 kann nicht nur durch Handeln, sondern auch durch Unterlassen verwirklicht werden. Dazu bedarf es jedoch einer **Rechtspflicht zum Handeln**. Diese kann sich aus **vorangegangenem Tun, Gesetz oder Vertrag** ergeben. Im Rahmen des vorangegangenen Verhaltens hat man insbesondere auf die **Verletzung allgemeiner Verkehrspflichten** abzustellen. Eine Verkehrspflicht nimmt man an, wenn jemand eine **Gefahrenquelle schafft oder unterhält** und er verpflichtet ist, alle möglichen Vorkehrungen zu treffen, Schäden Dritter zu verhindern. Einen Sonderfall der Verletzung von Verkehrspflichten stellt die sog. Produzentenhaftung dar. Dazu noch näher unten.

Wiederholungsfragen 2. Kapitel

1. Was soll beim "eingerichteten und ausgeübten Gewerbebetrieb geschützt werden?	Kundenstamm, Geschäftsbeziehungen, der Tätigkeitsbereich des Betriebes
2. Voraussetzungen?	Keine anderen Vorschriften greifen ein; Gewerbebetrieb; Eingriff unmittelbar gegen den Tätigkeitsbereich
3. Was zählt auch zu einem solchen Betrieb?	Freiberufliche oder wissenschaftliche Tätigkeit soweit wie bei Gewerbe auf Einkunftserzielung gerichtet.
4. Was verlangt man für die Qualität des Eingriffs?	Er muss betriebsbezogen sein
5. Was kann das Allg. Persönlichkeitsrecht insbesondere erfassen?	Ehrverletzungen
6. Was ist im Bereich der Rechtswidrigkeit bei beiden Sonderfällen zu beachten?	Nach überwiegender Ansicht keine Indizwirkung des Tb., sondern die Rwi. ist positiv festzustellen

3. Kapitel
Schadensersatz aus § 823 Abs.2

Die Bedeutung des § 823 Abs.2 liegt darin, dass man über die Verletzung eines Schutzgesetzes auch solche Schäden erfassen kann, die im Rahmen des § 823 Abs.1 nicht ersatzfähig sind. Durch Schutzgesetze können nämlich auch diejenigen Positionen geschützt sein, die nicht als absolute Rechte oder sonstige Rechte im Sinne des § 823 Abs.1 anzusehen sind. Deren Verletzung, z.B. in Form bloßer Vermögensschädigungen, kann daher nur über § 823 Abs.2 zu Schadensersatz führen.

Die Voraussetzungen des § 823 Abs.2

1. Schutzgesetz
2. Verstoß gegen dieses Schutzgesetz
3. Rechtswidrigkeit
4. Verschulden
5. Eintritt eines Schadens
6. Kausalität zwischen 2. und 5.

Als **Schutzgesetz** gilt

jede Rechtsnorm, die dem Schutz der Interessen eines anderen dienen soll

In Betracht kommen daher nicht nur Gesetze, sondern auch Verordnungen und Satzungen.

Diese Norm muss jedoch den Zweck verfolgen, den Schutz eines anderen zu gewährleisten. Daher scheiden als Schutzgesetze alle jene Normen aus, die **allein** die Allgemeinheit, insbesondere den Staat, schützen sollen. Dies gilt auch dann, wenn sie zumindest mittelbar auch dem einzelnen Bürger zugute kommen.

Aber: bezweckt eine Norm sowohl den Schutz der Allgemeinheit als auch den Schutz des Einzelnen, so ist sie als Schutzgesetz im Sinne des § 823 Abs.2 anzusehen. Der Schutzbereich reicht aber nur soweit wie der Individualschutz der Norm.

Schutzgesetze sind vor allem zahlreiche **Strafvorschriften**: Eigentums-, Vermögens-, Körperverletzungs- und Beleidigungsdelikte; Delikte gegen die persönliche Freiheit; usw.

Daneben können sich Schutzgesetze aus verschiedensten öffentlich-rechtlichen Vorschriften ergeben, so der Verfassung (vgl. Art. 9 und Art. 5), anderen öffentlichrechtlichen Gesetzen, aber auch dem BGB, dem Arbeitsrecht, dem Wettbewerbsrecht, dem Handelsrecht usw.

Bei der Prüfung des Merkmales **"Verstoß gegen das Schutzgesetz"** hängt der Umfang der Untersuchung davon ab, welcher Art das jeweilige Schutzgesetz ist. Wenn es sich um ein Strafgesetz handelt, so ist der **komplette Straftatbestand** an dieser Stelle **nach den Regeln des Strafrechts** zu prüfen. Das Strafgesetz muss **tatbestandlich, rechtswidrig und schuldhaft** erfüllt sein. Dann und nur dann liegt ein derartiger Verstoß im Sinne des § 823 Abs.2 vor.

Bei anderen Normen sind ebenfalls alle Voraussetzungen zu prüfen, die zu einem Verstoß erforderlich sind. Reicht insoweit schon eine rein objektive Verletzung der Norm, so genügt dies freilich auch für eine Schutzgesetzverletzung nach § 823 Abs.2.

Sofern es sich bei dem Schutzgesetz um ein Strafgesetz handelt, sind im Folgenden dann der subjektive Tatbestand (insbesondere der Vorsatz), Rechtswidrigkeit und Schuld zu untersuchen. Dabei ist auch auf die dort liegenden Probleme, z.B. Vorsatzfragen, Rechtfertigungsproblematik und Irrtumsprobleme wie in einer Strafrechtsarbeit einzugehen.

Beachten Sie: Von vielen Hochschullehrern wird im Rahmen der Übungen an den Universitäten eine derartig eingehende Auseinandersetzung mit dem Strafrecht an dieser Stelle nicht verlangt. Teilweise wird die Erörterung strafrechtlicher Probleme - fälschlicherweise! - völlig abgelehnt.

Es ist daher sinnvoll, sich auf die Gepflogenheiten des jeweiligen Aufgabenstellers einzustellen!

Die weitere Prüfung des § 823 Abs.2 umfasst die Rechtswidrigkeit und das Verschulden.

Die **Rechtswidrigkeit** wird häufig bereits im Rahmen der Schutzgesetzprüfung (z.B. bei Strafgesetzen) erörtert worden sein. Damit erübrigt sich eine nochmalige Prüfung an dieser Stelle. Ansonsten gilt das oben zu § 823 Abs.1 Gesagte.

Im Rahmen des **Verschuldens** ist neben Schuldfähigkeit und Entschuldigungsgründen vor allem der Vorsatz zu prüfen. Zwar wird häufig auch der Vorsatz im Rahmen des Schutzgesetzes bereits geprüft sein, so dass sich an dieser Stelle eine Erörterung erübrigt, dennoch sollten Sie Folgendes beachten:

Auch wenn für die Verwirklichung des § 823 Abs.2 prinzipiell Vorsatz oder Fahrlässigkeit genügen, bleibt dies ohne Einfluss auf die Verschuldensform des Schutzgesetzes.

Wenn also dort Vorsatz erforderlich ist, muss das Schutzgesetz auch vorsätzlich verletzt sein!

Zum anderen kann es vorkommen, dass ein Schutzgesetz überhaupt kein Verschulden voraussetzt (z.B. § 7 StVG oder andere Fälle der Gefährdungshaftung). Dann gilt nach § 823 Abs.2 S.2, dass eine Verantwortlichkeit aus § 823 Abs.2 nur dann in Betracht kommt, wenn der Täter mindestens fahrlässig handelte.

Beachten Sie: das Verschulden des § 823 Abs.2 muss sich nur auf den Verstoß gegen das Schutzgesetz, nicht jedoch auf Schaden und Kausalität erstrecken.

Für das Tatbestandsmerkmal **"Schaden"** genügt wie bei § 823 Abs.1 jegliche Beeinträchtigung vermögenswerter Interessen.

Die **Kausalität zwischen Schaden und Schutzgesetzverstoß** ist wie bei § 823 Abs.1 nach der Adäquanztheorie zu bestimmen (s.o. Seite 7).

Auch hier ist stets zu beachten, dass der Schaden unter den Schutzzweck des § 823 Abs.2 fällt. Dazu hat man den Schutzzweck des jeweiligen Schutzgesetzes zu ermitteln und dann zu prüfen, ob der Schaden in diesen Schutzbereich fällt.

Man unterscheidet dabei zwischen dem **persönlichen** und dem **sachlichen** Schutzbereich. Im ersteren Fall geht es darum, dass die geschädigte Person gerade dem Personenkreis zuzurechnen ist, deren Schutz die verletzte Rechtsnorm bezweckt.

Demgegenüber beschreibt der sachliche Schutzbereich, vor welchen Gefahren die Schutznorm gerade schützen soll.

Fall 3:

D kauft im Laden des L ein. Dabei nimmt er einige Waren aus dem Regal und verlässt den Laden, ohne sie zu bezahlen. Ansprüche des L aus unerlaubter Handlung?

Lösungsvorschlag

L könnte gegen D einen Anspruch auf Schadensersatz aus § 823 Abs.1 haben.

Dann müsste der Tatbestand erfüllt sein, also zunächst ein verletzendes Verhalten vorliegen. Darunter versteht man jede von einem Willen getragene menschliche Tätigkeit. Hier hat D bewusst Waren aus dem Regel entwendet und sie mitgenommen, also ein solches Verhalten an den Tag gelegt.

Ferner bedarf es einer Rechtsgutverletzung. In Betracht käme zunächst das Eigentum des L. Das Rechtsgut Eigentum umfasst auch die sich aus § 903 ergebende Möglichkeit, dieses nach Belieben zu nutzen und darüber zu verfügen. Dadurch, dass D die Sache entwendet, ist eine derartige Nutzung dem L nicht mehr möglich, so dass sein Eigentumsrecht beeinträchtigt ist. Damit liegt eine Rechtsgutverletzung vor.

> *Es kommt also nicht nur dann eine Eigentumsbeeinträchtigung in Betracht, wenn Eigentum entzogen wurde. Daran fehlt es hier nämlich, da D kein Eigentum erworben hat und L daher seines nicht verlieren konnte. Näheres dazu im Sachenrecht.*

Weiter kommt aber auch die Beeinträchtigung des Besitzes in Betracht. Der Besitz ist im Katalog der aufgezählten Rechtsgüter des § 823 Abs.1 nicht enthalten. Denkbar ist allenfalls, dass der Besitz als sonstiges Recht im Sinne des § 823 Abs.1 erfasst wird. Dort sollen alle jene rechtlichen Positionen berücksichtigt werden, die ähnlich der vorstehend genannten einen praktisch absoluten Rechtsschutz genießen. Es ist also fraglich, ob der Besitz einem absoluten Recht entsprechend angenähert ist. Angesichts des umfassenden Besitzschutzes in den §§ 858 ff kann man grundsätzlich davon ausgehen. Es ist jedoch umstritten, ob der Besitz in allen seinen Erscheinungsformen als sonstiges Recht anzusehen ist. Nach allgemeiner Ansicht ist jedenfalls der berechtigte Besitz ein sonstiges Recht im Sinne des § 823 Abs.1. Da hier der L als Eigentümer mangels anderer Angaben auch zum Besitz berechtigt war, liegt ein Fall berechtigten Besitzes vor, der nach allgemeiner Ansicht den Tatbestand des § 823 Abs.1 erfüllt.

Weiter müsste Kausalität zwischen dem verletzenden Verhalten und der Rechtsgutverletzung bestanden haben. Nach der Adäquanztheorie dürfte das verletzende Verhalten, s.o., nicht hinweggedacht werden können, ohne dass es zu der Eigentums- oder einer sonstigen Rechtsverletzung gekommen wäre und diese Folge müsste innerhalb der Lebenswahrscheinlichkeit liegen. Da gerade der Entzug von Waren eine typische Verletzung von Besitz und Eigentum darstellt und es durch das Verhalten des D dazu kam, liegt die haftungsbegründende Kausalität nach der Adäquanztheorie vor.

Weiter ist ein Schaden erforderlich. Da der Wert des Vermögens auf Seiten des L um den Wert der entwendeten Gegenstände vermindert ist, ist ein Schaden eingetreten.

Dieser beruht in adäquat-kausaler Weise auf der Rechtsgutverletzung, so dass auch haftungsausfüllende Kausalität gegeben ist.

Damit ist der Tatbestand des § 823 Abs.1 erfüllt.

Folglich hat D, da Anhaltspunkte für Rechtfertigungsgründe nicht ersichtlich sind, auch rechtswidrig gehandelt.

Für das Verschulden ist Vorsatz oder Fahrlässigkeit notwendig. Da D wusste und wollte, dass Besitz und Eigentum auf Seiten des L durch sein Verhalten beeinträchtigt werden, liegt vorsätzliches Verhalten vor. Also sind die Voraussetzungen für einen Schadensersatzanspruch aus § 823 Abs.1 gegeben.

Fraglich ist jedoch der Inhalt dieses Anspruches. Da im Schadensersatzrecht der Grundsatz sog. Naturalrestitution gilt, wäre der ursprüngliche Zustand wieder herzustellen. Da mangels anderer Angaben davon auszugehen ist, dass D die Sachen noch im Besitz hat, erstreckt sich der Anspruch des § 823 Abs.1 auf die Herausgabe dieser Gegenstände an D. Folglich hat L gegen D einen Anspruch auf Schadensersatz in Form der Rückgabe der Gegenstände aus § 823 Abs.1.

L könnte gegen D einen Anspruch aus § 823 Abs.2 in Verbindung mit § 242 StGB haben.

Dann müsste zunächst ein Schutzgesetz existieren. Darunter versteht man alle Normen, die zumindest auch die Individualsphäre einer Person schützen sollen. § 242 StGB dient dem Schutz von Eigentum und Gewahrsam des jeweils Berechtigten und ist daher ein solches Schutzgesetz.

Dieses Schutzgesetz müsste verletzt sein. Dazu bedarf es hier der nach den Regeln des Strafrechts durchzuführenden Prüfung, ob § 242 StGB tatbestandlich, rechtswidrig und schuldhaft erfüllt wurde.

Die entwendeten Waren müssten fremde bewegliche Sachen sein. Da es körperliche Gegenstände im Sinne des § 90 sind, handelt es sich um Sachen.

Fremd wären diese, wenn sie nicht im Alleineigentum des Täters gestanden hätten oder herrenlos wären. Da die Sachen vermutlich dem L gehörten, standen sie weder im Alleineigentum des D noch waren sie herrenlos, waren für D also fremd.

Die Sachen müssten beweglich gewesen sein, wobei eine Beweglichkeit im natürlichen Sinne zu fordern ist. Da L die Sachen offenbar mitgenommen hat, sind sie im natürlichen Sinne beweglich.

Schließlich erfordert der Tatbestand des § 242 StGB die Wegnahme, also den Bruch fremden und die Begründung neuen Gewahrsams. Gewahrsam ist die von einem Herrschaftswillen getragene tatsächliche Sachherrschaft. Da D den Willen hatte, die entwendeten Waren tatsächlich zu beherrschen, liegt ein entsprechender Herrschaftswille vor.

Indem er sie mitnahm, führte er sie seinem Machtbereich zu, beherrschte sie tatsächlich, also begründete er neuen Gewahrsam. Der ursprüngliche Gewahrsam des D, den dieser durch die Aufstellung der Waren in seinem Laden innehatte, wurde dadurch beendet.

Dieser Gewahrsamswechsel müsste schließlich durch Bruch, also durch einen Vorgang, der sich gegen den Willen des bisherigen Gewahrsamsinhabers abspielt, geschehen sein. Da D die Sachen entwendet und L dieser Entwendung nicht zustimmt, liegt ein entsprechender Gewahrsamsbruch vor.

Folglich ist eine Wegnahme gegeben und damit der objektive Tatbestand des § 242 StGB erfüllt.

Der subjektive Tatbestand setzt Vorsatz voraus. Da D mit Wissen und Wollen bezüglich aller Tatbestandsmerkmale des objektiven Tatbestandes handelte, ist dies der Fall.

Weiter ist Zueignungsabsicht erforderlich. Dazu müsste sich D zumindest die Stellung eines Eigentümers angemaßt haben. Da er die Sachen entwendet und nach Belieben mit ihnen verfahren will, maßt er sich eine Position an, die tatsächlich nur dem Eigentümer oder dem sonst Berechtigten zusteht. Er hatte also Zueignungsabsicht.

Die beabsichtigte Zueignung müsste rechtswidrig gewesen sein. Da D keinen Anspruch auf gerade diese Sachen des L hatte, liegt eine solche Rechtswidrigkeit der beabsichtigten Zueignung vor. Da D dies auch wusste, handelte er insoweit auch vorsätzlich.

Damit ist der subjektive Tatbestand und damit der Tatbestand des § 242 StGB insgesamt erfüllt. Da Hinweise auf Rechtfertigungsgründe fehlen, handelte D auch rechtswidrig. Ferner sind auch Schuldausschließungs- und Entschuldigungsgründe etc. nicht ersichtlich, so dass D auch schuldhaft handelte. D hat sich damit eines Diebstahls gem. § 242 StGB schuldig gemacht.

Folglich liegt eine Verletzung eines Schutzgesetzes im Sinne des § 823 Abs.2 vor. Rechtswidrigkeit und Schuld sind nach obigen Ausführungen gegeben, so dass L gegen D einen Anspruch auf Schadensersatz aus § 823 Abs.2 in Verbindung mit § 242 StGB hat. Dieser Anspruch geht nach den Grundsätzen der Naturalrestitution auf Herausgabe der erlangten Sachen (s.o.).

§§§§§§§§§§§§§§§§§§§§§§§§§§§§§§§§

Wiederholungsfragen zum 3. Kapitel

1. Worin liegt die Bedeutung des § 823 Abs.2?	Auch reine Vermögensbeeinträchtigungen können ersetzt werden
2. Voraussetzungen des § 823 Abs.2?	Schutzgesetz, Verstoß dagegen, Rechtswidrigkeit, Verschulden, Schaden, Kausalität
3. Was ist ein Schutzgesetz i.S.d.Abs.2?	Jede Norm, die die Individualsphäre eines anderen schützt
4. Was ist bei Strafgesetzen bezüglich des Verstoßes zu prüfen?	Ob die Norm nach den Regeln des Strafrechts verletzt ist
5. Was gilt hinsichtlich der Verschuldensformen von Schutzgesetz und § 823 Abs.2?	Hängen nicht voneinander ab, daher grds. gesondert zu prüfen

4. Kapitel
Andere Fälle der Haftung für eigenes Verschulden

Schadensersatz aus § 826

Die tatbestandlichen Voraussetzungen des § 826

1. schädigendes Verhalten
2. Sittenwidrigkeit dieses Verhaltens
3. Schaden
4. Kausalität zwischen Verhalten und Schaden
5. Verschulden (Vorsatz)

Während **schädigendes Verhalten** und **Schaden** in gleicher Weise wie im Rahmen des § 823 Abs.1 zu prüfen sind, genügt für § 826, anders als oben, nicht jedes Verhalten des Täters, sondern nur sittenwidriges Verhalten ist beachtlich.

Sittenwidrigkeit soll vorliegen, wenn in dem Verhalten

ein Verstoß gegen das "Anstandsgefühl aller billig und gerecht Denkenden"

liegt.

Maßstab ist demnach die Auffassung eines normalen, anständigen Durchschnittsmenschen. Etwas Anderes mag nur dann gelten, wenn Verhaltensweisen in Frage stehen, die nur einen ganz bestimmten Personenkreis betreffen. Dann sind die Wertmaßstäbe dieses Personenkreises maßgebend, sofern diese nicht gegen die Anschauung der Allgemeinheit verstoßen.

Die Sittenwidrigkeit kann sich vor allem auch aus dem angewandten Mittel (z.B. Drohung), dem angestrebten Ziel oder aus der Verknüpfung gerade dieses Mittels zu diesem Zweck ergeben. Durch diese Verknüpfung können an sich erlaubte Zwecke und erlaubte Mittel in ihrer speziellen Zusammenfügung dennoch zur Sittenwidrigkeit führen. Es bedarf also letztlich einer besonderen Verwerflichkeit.

Um dem recht konturlosen Begriff der Sittenwidrigkeit ein gewisses Maß an Präzision zu verleihen, haben Rechtsprechung und Literatur **typische Fallgruppen** sittenwidrigen Verhaltens herausgearbeitet:

1. **arglistiges Verhalten beim Vertragsschluss**, meistens um einen Vertrag zum Abschluss zu bringen; Missbrauch der Vertretungsmacht; betrifft auch beteiligte Dritte
   Daneben greift meist § 823 Abs.2 i.V.m. § 263 StGB ggf. i.V.m. § 22 StGB ein. Außerdem besteht die Möglichkeit zur Anfechtung nach § 123.

2. **Ausnutzen wirtschaftlicher Machtstellungen**, so z.B. bei Monopolbetrieben.

3. **Verleiten zum Vertragsbruch** beschreibt die Beteiligung Dritter, wobei umstritten ist, ob bereits jedes oder erst ein besonders verwerfliches Verleiten zu einem Vertragsbruch zur Sittenwidrigkeit führt.

4. **Erteilen wissentlich falscher Auskünfte**.
   Bsp.: *ein Sachverständiger bestätigt wissentlich wahrheitswidrig die Unfallfreiheit eines Pkw, den K daraufhin erwirbt.*

5. Zu diversen **weiteren Fallgruppen**:
   Palandt/Sprau § 823, 25ff.

Die **Rechtswidrigkeit** wird auch im Rahmen des § 826 regelmäßig aus der Erfüllung des Tatbestandes folgen.

> **Beachten Sie**: Liegt ein Rechtfertigungsgrund vor, so wird es meist schon tatbestandlich am Vorliegen sittenwidrigen Verhaltens fehlen!

Das **Verschulden** erfordert Vorsatz, wobei **jede Vorsatzform**, also auch Eventualvorsatz, ausreicht. Der Handelnde muss demnach den Eintritt eines Schadens zumindest für möglich gehalten und billigend in Kauf genommen haben. Ebenso zählt die Kenntnis derjenigen Tatumstände zum Vorsatz, die die Sittenwidrigkeit begründen. Nicht erforderlich ist hingegen, dass der Täter sein Verhalten zutreffend als sittenwidrig bewertet hat.

Schadensersatz aus § 825

§ 825 ist "geschlechtsneutral" formuliert, d.h. er greift ohne Rücksicht auf Geschlecht, Familienstand usw. ein.

Geschütz werden soll durch diese Vorschrift die sexuelle Selbstbestimmung.

> **Beachten Sie**: nach § 253 Abs.2 ist bei der Verwirklichung des § 825 auch der immaterielle Schaden ersatzfähig.

Schadensersatz aus § 824

Die Voraussetzungen des § 824

1. Behauptung oder Verbreitung einer Tatsache
2. Unwahrheit der Tatsache
3. objektive Eignung der Behauptung,
Nachteile für den Betroffenen herbeizuführen
4. die Tatsachenbehauptung muss sich
mit dem Geschädigten befassen
oder
in enger Beziehung zu seiner gewerblichen Tätigkeit stehen
5. Rechtswidrigkeit
6. Verschulden
7. Kausaler Schaden.

Problematisch ist oft die Feststellung einer **Tatsachenbehauptung**, denn diese ist von bloßen Werturteilen abzugrenzen. Grundsätzlich gilt dazu, dass Tatsachen eines Wahrheitsbeweises zugänglich sind, Werturteile dagegen nicht. **Unwahr** ist die behauptete Tatsache, wenn sie nicht mit der Wirklichkeit übereinstimmt.

Im Rahmen der **Rechtswidrigkeit** ist vor allem auf den besonderen Rechtfertigungsgrund in § 824 Abs.2 zu achten, der § 193 StGB ähnelt. Anders als § 193 StGB reicht es aber für ein berechtigtes Interesse im Sinne des § 824 Abs.2 bereits aus, dass auch der Mitteilungsempfänger derartige Interessen aufweist. Zur Feststellung, ob § 824 Abs.2 durchgreift, ist eine umfassende Interessenabwägung im Einzelfall vorzunehmen. Dabei sind insbesondere die Pressefreiheit und das Recht der freien Meinungsäußerung zu beachten.

Für die Erfüllung des § 824 genügt **jegliches Verschulden**, also bereits eine fahrlässig unwahre Tatsachenbehauptung. Liegt Vorsatz vor, so kann neben § 824 auch § 823 Abs.2 in Verbindung mit §§ 186, 187 StGB eingreifen.

Rechtsfolge des § 824 ist Schadensersatz i.S.d. §§ 249 ff, so insbesondere Widerruf der verletzenden Äußerung oder bei Eintritt von Vermögensschäden Geldersatz.

Wiederholungsfragen zum 4. Kapitel

1. Voraussetzungen des § 826?	Schädigendes Verhalten, Sittenwidrigkeit, Schaden, Kausalität
2. Was ist unter Sittenwidrigkeit zu verstehen?	Verstoß gegen das Anstandsgefühl aller billig und gerecht Denkenden
3. Nennen Sie typische Fallgruppen sittenwidrigen Verhaltens	Siehe vorn, Seite 26
4. Welche Vorsatzform ist für § 826 nötig?	Jede Form genügt, auch Eventualvorsatz
5. Was ist dabei nicht erforderlich?	Zutreffende Bewertung des Verhaltens als sittenwidrig
6. Voraussetzungen des § 824?	Siehe oben, Seite 27
7. Wovon sind Tatsachenbehauptungen abzugrenzen?	Von Werturteilen
8. Welche Besonderheit ist bei der RWi zu beachten?	Besonderer Rechtfertigungsgrund in § 824 Abs.2
9. Was umfasst der Schadensersatz bei § 824?	Widerruf der Behauptung etc, u.U. auch Ersatz in Geld

5. Kapitel
Haftung für vermutetes Verschulden

Haftung für Verrichtungsgehilfen gem. § 831

Während die §§ 823, 824 und 826 voraussetzen, dass dem Handelnden **tatsächlich Verschulden** zur Last fällt, regeln die §§ 831 ff eine **Haftung für vermutetes Verschulden**. Sie setzen, ebenso wie §§ 823 ff, Tatbestand, Rechtswidrigkeit und Verschulden voraus, wobei jedoch letzteres kraft Gesetzes vermutet wird.

Die Voraussetzungen des § 831

1. Verrichtungsgehilfe
2. Tatbestand der §§ 823 ff durch Verrichtungsgehilfen erfüllt
3. Schadenszufügung in Ausführung der Verrichtung
4. Keine Entlastung des Geschäftsherrn gem. § 831 Abs.1 S.2

1. Derjenige, der die Verletzungshandlung vollzieht, muss **Verrichtungsgehilfe** seines Geschäftsherrn sein.

Verrichtungsgehilfe ist,

wer von einem Geschäftsherrn
eine Tätigkeit in dessen Interesse übertragen bekam
und von diesem in einer gewissen Abhängigkeit steht (str.).

Überwiegend wird auf eine Weisungsgebundenheit des Verrichtungsgehilfen abgestellt. Erforderlich ist in jedem Fall, dass der Geschäftsherr jederzeit das Verhalten des Handelnden untersagen, einschränken oder sonst seiner Art nach bestimmen kann.

***Bsp.**: Arbeiter, Angestellte (auch Ärzte, Rechtsanwälte usw., soweit angestellt und nicht freiberuflich tätig) sind Verrichtungsgehilfen, nicht dagegen alle Beteiligten an Werkverträgen, z.B. Bauunternehmer, Handwerker, da diese nicht in gewisser Abhängigkeit stehen und auch nicht in oben beschriebener Weise weisungsgebunden sind.*

2. Weitere Voraussetzung des § 831 ist, dass der **objektive Tatbestand** einer Vorschrift der **§§ 823 ff** durch den Verrichtungsgehilfen verwirklicht wurde. Der Verrichtungsgehilfe muss dabei die unerlaubte Handlung tatbestandsmäßig und rechtswidrig vorgenommen haben, ein Verschulden ist aber nicht erforderlich!

3. Der Schaden muss **in Ausführung der Verrichtung** entstanden sein. Erforderlich ist insoweit, dass ein äußerer und innerer Zusammenhang zwischen übertragener Tätigkeit und zugefügtem Schaden besteht. Daran fehlt es, wenn es zur Schadenszufügung lediglich "gelegentlich" der Verrichtung kam.

Bsp.: *Maler M stiehlt beim Kunden K während seiner Arbeiten die Geldbörse.*

4. Der Geschäftsherr kann sich nicht nach § 831 Abs.1 S.2 **entlasten**. Das Gesetz vermutet somit, dass in den Fällen einer Schadensverursachung durch einen Verrichtungsgehilfen stets ein Verschulden des Geschäftsherrn vorliegt. Dieses soll sich so begründen lassen, dass der Geschäftsherr den Verrichtungsgehilfen nicht sorgfältig ausgewählt und bei der Arbeit nicht ordnungsgemäß überwacht habe.

Das Gesetz lässt jedoch den Nachweis durch den Geschäftsherrn zu, dass er die erforderliche Sorgfalt in Bezug auf seinen Verrichtungsgehilfen beachtet hat. Welche Sorgfaltsanforderungen zu stellen sind, richtet sich im Einzelfall danach, welcher Art die fragliche Tätigkeit des Verrichtungsgehilfen ist. Je gefährlicher sie ist, desto höher sind die Sorgfaltsanforderungen an den Geschäftsherrn.

Zum Organisationsverschulden bei großen Betrieben, juristischen Personen usw. siehe noch näher unten im 6. Kapitel.

Die **Entlastung des Geschäftsherrn**, der sogenannte **Exkulpationsbeweis**, erfolgt nach § 831 Abs.1 S.2 dadurch, dass der Geschäftsherr den Nachweis erbringt, den Verrichtungsgehilfen sorgfältig ausgewählt und beaufsichtigt zu haben.

Gem. § 831 Abs.1 S.2 a.E. kann eine Entlastung auch durch den Nachweis geschehen, dass zwischen Aufsichts-/Auswahlverschulden und eingetretenem Schaden keine Kausalität besteht. Dieser Einwand des sog. pflichtgemäßen Alternativverhaltens setzt den Beweis durch den Geschäftsherrn voraus, dass der Schaden auch bei ordnungsgemäßer Auswahl und Beaufsichtigung gleichermaßen eingetreten wäre.

Die Abgrenzung von § 831 zu § 278

1. **Gesetzessystematisch** liegt der wesentliche Unterschied zwischen beiden Vorschriften darin, dass § 831 einen Fall eigenen Verschuldens darstellt, während § 278 Fälle der Zurechnung fremden Verschuldens behandelt.

2. § 278 setzt, anders als § 831, ein **bestehendes Schuldverhältnis** voraus.

3. Der Unterschied zwischen Erfüllungs- und Verrichtungsgehilfen liegt darin, dass der Erfüllungsgehilfe auch eine solche Person sein kann, die weder sozial abhängig noch weisungsgebunden ist.

Zur Abgrenzung von § 831 zu §§ 31, 89 s. u. bei den Fällen des Organisationsverschuldens.

Fall 4:

V ist bei Heizungsinstallateur G angestellt. G hat von K den Auftrag erhalten, dessen Heizung zu reparieren. Dies lässt G durch V erledigen. Bei den Arbeiten beschädigt V aus Unachtsamkeit einen Schrank des K. K stellt ihn daraufhin zur Rede. Erbost über die Vorwürfe des K schüttet V den Kaffee, den er gerade trank, dem K über dessen Anzug. - K verlangt von G

1. Ersatz der Reparaturkosten für den Schrank

2. Ersatz der Reinigungskosten für den Anzug. Zu Recht?

(Zu prüfen sind nur Ansprüche aus unerlaubter Handlung)

Lösungsvorschlag

I. Reparaturkosten

1. Ein Anspruch des K gegen G aus § 823 scheidet mangels verletzenden Verhaltens des G gegenüber K jedenfalls aus.

2. K könnte jedoch einen Anspruch gegen G aus § 831 haben.

Dann müsste V Verrichtungsgehilfe im Sinne des § 831 sein. Verrichtungsgehilfe ist, wer von einem Geschäftsherrn in dessen Interesse zur Aufgabenerfüllung eingesetzt ist und zu diesem in einer gewissen Abhängigkeit steht. Laut Sachverhalt ist V bei G angestellt. Als Arbeitnehmer ist er somit abhängig von G und die Tätigkeit bei K diente ferner dazu, den Arbeitsauftrag, den G von K erhaltenen hatte, zu erfüllen. Also war V im Pflichtenkreis des G tätig. Folglich ist er Verrichtungsgehilfe im Sinne des § 831. Weiter müsste V eine unerlaubte Handlung nach §§ 823 ff begangen haben. In Betracht hier kommt die Verwirklichung des § 823 Abs.1.

Ein verletzendes Verhalten lässt sich dem Sachverhalt nicht ausdrücklich entnehmen, da aber "V den Schrank beschädigt", kann vom Vorliegen einer verletzenden Handlung ausgegangen werden. Da anzunehmen ist, dass der Schrank auch K gehört, stellt die Beschädigung dieses Schrankes eine Beeinträchtigung am Eigentum des K dar. Somit liegt eine Verletzung des Rechtsguts Eigentum vor. Diese beruht auch adäquat auf dem schädigenden Verhalten, so dass die haftungsbegründende Kausalität ebenfalls vorliegt. Damit ist der haftungsbegründende Tatbestand des § 823 Abs.1 erfüllt.

Mangels Hinweises auf Rechtfertigungsgründe gibt, ist auch Rechtswidrigkeit gegeben.

Da § 831 lediglich eine Zurechnung fremden Verhaltens und nicht fremden Verschuldens vornimmt, ist das Verschulden des V unerheblich.

Indem K Reparaturkosten erwachsen, erleidet er eine Vermögenseinbuße, also einen Schaden. Dieser ist adäquate Folge der Rechtsgutverletzung, so dass auch die haftungsausfüllende Kausalität gegeben ist.

Folglich hat V eine unerlaubte Handlung im Sinne des § 831 begangen.

> Eine unerlaubte Handlung könnte auch nach § 823 Abs.2 i.V.m. § 303 StGB gegeben sein. Dazu muss das Schutzgesetz, hier § 303 StGB, schuldhaft erfüllt werden. § 303 StGB erfasst jedoch nur vorsätzliches Handeln. Hier handelte V gegenüber K lediglich unachtsam, also fahrlässig. Folglich ist § 303 StGB nicht erfüllt, eine unerlaubte Handlung aus § 823 Abs.2 i.V.m. § 303 StGB scheidet mithin aus.

Zu dieser unerlaubten Handlung müsste es bei der Verrichtung gekommen sein. Erforderlich ist dazu ein unmittelbarer innerer und äußerer Zusammenhang. Da die Beschädigung bei den Reparaturarbeiten geschah und die Beschädigung von Gegenständen, die sich im Arbeitsbereich befinden, eine typische und nicht völlig ungewöhnliche Folge von derartigen Handwerksarbeiten ist, liegt der äußere wie innere Zusammenhang vor. Damit kam es bei der Verrichtung zu der unerlaubten Handlung.

Somit sind alle positiven Voraussetzungen des § 831 erfüllt. Demnach hätte K einen Anspruch gegen G auf Schadensersatz, es sei denn, G könnte sich nach § 831 Abs.1 S.2 entlasten. Darauf gibt der Sachverhalt aber keinen Hinweis. Folglich bleibt es bei der Ersatzpflicht des G aus § 831 Abs.1. Mithin hat K Anspruch auf Ersatz der Reparaturkosten von G aus § 831 Abs.1.

II. Reinigungskosten

1. Auch hier scheidet mangels Verletzungshandlung ein Anspruch des K gegen G aus § 823 aus.

2. K könnte jedoch einen Anspruch gegen G aus § 831 auf Ersatz der Reinigungskosten haben. V ist zunächst Verrichtungsgehilfe, s.o. Ferner ist erforderlich, dass V eine unerlaubte Handlung im Sinne der §§ 823 ff begangen hat. Ob eine derartige unerlaubte Handlung in diesem Fall vorliegt, kann jedoch dann dahingestellt bleiben, wenn diese jedenfalls nicht bei der Verrichtung erfolgt wäre, da dann ein Anspruch aus § 831 schon aus diesem Grunde ausschiede. Der insoweit erforderliche innere und äußere unmittelbare Zusammenhang zwischen der unerlaubten Handlung und der Erfüllung der Verbindlichkeit ist hier fraglich. Da V wegen der Reparaturarbeiten bei K anwesend ist, und nur deshalb mit diesem überhaupt zusammentrifft, besteht zwar der äußere Zusammenhang mit der Verrichtung. Aber für den inneren Zusammenhang ist es aber notwendig, dass das schädigende Verhalten nicht nur gelegentlich der Verrichtung geschah, es vielmehr eine typische Folge derartiger Verrichtungen ist. Das Übergießen mit Kaffee gehört nicht zu den üblicherweise mit Heizungsreparaturen einhergehenden Tätigkeiten, folglich fehlt es an einem inneren Zusammenhang in diesem Sinne. Damit handelt V nicht bei der Verrichtung, so dass schon deshalb die Voraussetzungen des § 831 nicht erfüllt sind.

Somit hat K keinen Anspruch auf Ersatz der Reinigungskosten gegen G aus § 831.

§§§§§§§§§§§§§§§§§§§§§§§§§§§§§§§§

Die Haftung für Aufsichtsbedürftige, § 832

Die Struktur des § 832 gleicht der des § 831. Sie setzt im einzelnen voraus:

1. Schadenszufügung durch einen Aufsichtsbedürftigen (Minderjähriger etc.).

2. Ein Tatbestand der §§ 823 ff ist durch den Aufsichtsbedürftigen **objektiv und rechtswidrig** erfüllt worden.

3. Anspruchsgegner ist aufsichtspflichtig über die aufsichtsbedürftige Person. Die Aufsichtspflicht kann sich aus Vertrag, Gesetz, aber auch stillschweigender Vereinbarung ergeben.

4. Kein Ausschluss der Haftung nach § 832 Abs.1 S.2. Die Haftung ist ausgeschlossen, wenn der Aufsichtspflichtige nachweisen kann, dass er seiner Aufsichtspflicht genügt hat oder dass der Schaden auch bei ordnungsgemäßer Beaufsichtigung eingetreten wäre. Ob die aufsichtspflichtige Person die ihr obliegenden Aufsichtspflichten erfüllt hat, lässt sich nur durch Prüfung im Einzelfall feststellen. Kriterien dazu sind: Alter des Kindes, tatsächlich in Frage stehendes Verhalten, Neigung des Kindes zu derartigen Verhaltensweisen usw.

Haftung für Tierschäden, §§ 833, 834

Die Vorschriften der §§ 833 und 834 beinhalten **drei Tatbestände**:

1. die vermutete Verschuldenshaftung des Tierhalters für Nutztiere (§ 833 S.2)
2. vermutete Verschuldenshaftung des Tierhüters (§ 834)
3. Gefährdungshaftung des Tierhalters für Luxustiere (§ 833 S.1).

Voraussetzungen für vermutete Verschuldenshaftung

1. Schadensverursachung durch ein Tier
2. Anspruchsgegner ist Tierhalter oder Tieraufseher
3. Kein Ausschluss der Haftung

Für die **Schadensverursachung durch ein Tier** ist erforderlich, dass der Schaden gerade auf der spezifischen Tiergefahr beruht, die in dem gefährlichen Ausbruch der tierischen Natur liegt. Das soll auch dann der Fall sein, wenn das Tier lediglich auf äußere Reize reagiert. Es fehlt an der Verwirklichung spezifischer Tiergefahren, wenn das Tier als Werkzeug eingesetzt wird, z.B. der gehetzte Hund.

Tierhalter ist derjenige, der nicht nur vorübergehend in eigenem Interesse ein Tier verwendet (nicht z.B. der Mieter eines Tieres oder derjenige, der ein Tier nur ganz vorübergehend in Verwahrung genommen hat). Die Haltereigenschaft besteht unabhängig vom Eigentum und sie ist wegen ihrer tatsächlichen Natur unabhängig von der Geschäftsfähigkeit. Allerdings: Die Begründung der Haltereigenschaft setzt Geschäftsfähigkeit voraus!

Tieaufseher ist, wer die Aufsicht über ein Tier vertraglich übernommen hat.

Ein **Ausschluss der Haftung des Tierhalters** kann nach § 833 S.2 erfolgen, wenn es sich um ein **Haustier** handelt, das dem Beruf, der Erwerbstätigkeit oder dem Unterhalt des Tierhalters zu dienen bestimmt ist **und** der Tierhalter beweist, dass er bei der Aufsicht des Tieres die im Verkehr erforderliche Sorgfalt hat walten lassen bzw. der Schaden auch trotz Anwendung dieser Sorgfalt entstanden wäre.

Die **Haftung des Tierhüters** ist nach § 834 S.2 ausgeschlossen, wenn er die Vermutung seines Verschuldens bzw. der Ursächlichkeit seiner Aufsichtspflichtverletzung widerlegt. Dabei kommt es nicht darauf an, ob es sich um ein Haustier handelt oder nicht.

Zur Haftung des Tierhalters für Luxustiere: s.u. im 6. Kapitel.

Haftung für Schäden durch Gebäude, §§ 836 ff

Voraussetzungen des Anspruches sind:

1. Einsturz eines Gebäudes etc., § 836 Abs.1 S.1
2. Durch diesen Einsturz verursachter Personen- oder Sachschaden
3. Der Einsturz etc. ist Folge fehlerhafter Errichtung oder mangelhafter Unterhaltung des Gebäudes
4. Die in Anspruch genommene Person gehört zu dem Kreis der in §§ 836 - 838 genannten Ersatzpflichtigen
5. Kein Ausschluss der Haftung

Ein Haftungsausschluss kommt in Betracht, wenn der zur Gefahrenabwendung Verpflichtete die im Verkehr erforderliche Sorgfalt beobachtet hat.

Wiederholungsfragen zum 5. Kapitel

1. Was enthält § 831?	Fälle vermuteter Verschuldenshaftung
2. Voraussetzungen des § 831?	Verrichtungsgehilfe; TB u. Rwi der §§ 823ff gegeben; Schaden bei Verrichtung; keine Entlastung
3. Wer ist Verrichtungsgehilfe?	Wer sozial abhängig und weisungsgebunden ist
4. Was muss der Verrichtungsgehilfe erfüllen?	Tatbestand, Rwi, kein Verschulden erforderlich
5. Was ist für die dritte Voraussetzung des § 831 notwendig?	Schaden in Ausführung, nicht nur gelegentlich der Verrichtung
6. Wie kann sich der Geschäftsherr entlasten	Nach dem Grundsatz pflichtgemäßen Alternativverhaltens oder durch Nachweis sorgfältiger Auswahl bzw. Überwachung
7. Unterschied § 278 / § 831?	Erfüllungs-/ Verrichtungsgehilfe; Haftung für fremdes/für eigenes Verschulden
8. Unterschied Verrichtungs-/Erfüllungsgehilfe?	Erfüllungsgehilfe steht nicht in Abhängigkeit
9. Wer haftet nach welcher Norm für Tierschäden?	Tierhalter nach § 833, Tierhüter nach § 834.
10. Was enthält § 833 S.1?	Einen Fall der Gefährdungshaftung
11. Was die anderen Vorschriften?	Vermutete Verschuldenshaftung

6. Kapitel
Sonderprobleme der §§ 823 ff

Das Organisationsverschulden

Grundsätzlich hat im Zivilprozess jede Partei die für sie günstigen Tatsachen zu beweisen. Dies bedeutet im Deliktsrecht, dass der Geschädigte alle Voraussetzungen z.B. des § 823 Abs.1, also auch das darin enthaltene Verschulden, nachzuweisen hat. Probleme ergeben sich dann, wenn der Geschädigte einer Organisationseinheit, z.B. einem Betrieb oder gar einem Konzern, gegenübersteht, und der zum Schaden führende Fehler im internen Bereich dieses Unternehmens angesiedelt ist. Wegen mangelnder Kenntnis der innerbetrieblichen Abläufe und Vorgänge wird es dem Geschädigten kaum jemals möglich sein, nachzuweisen, dass dort schuldhaft eine Verletzungshandlung vorgekommen ist.

Diesem Problem wird insbesondere die gesetzliche Regelung des § 831 nicht gerecht, da dieser nicht auf Groß-, sondern Klein- und Kleinstbetriebe zugeschnitten ist.

Entgegen anderen Ansätzen soll die Lösung nach heute überwiegender Ansicht durch eine Verschärfung der allgemeinen Sorgfaltspflichten im Rahmen des § 823 Abs.1 gefunden werden. Man sagt, der Inhaber eines Betriebes bzw. seine Organe (§ 31) seien verpflichtet, den Betrieb derart zu organisieren, dass eine laufende Überwachung und ständige Kontrolle aller Bediensteten und Arbeitsabläufe gewährleistet sei. Jede Verletzung dieser Pflicht führe zu einem sog. **Organisationsverschulden** (auch Organisationspflicht genannt), das zu einer Haftung des Betriebsinhabers führt, ohne dass diesem die Möglichkeit zur Entlastung zugebilligt wird, weil der Unternehmer wegen der Pflichtverletzung direkt aus § 823 und nicht nur aus § 831 haftet.

Die Grundsätze des Organisationsverschuldens erlangen dadurch besondere Bedeutung, weil man im Rahmen des § 831 auf Seiten des Betriebsinhabers einen sog. dezentralisierten Entlastungsbeweis zulässt. Ausgehend von der Überlegung, dass es nicht möglich ist, einen größeren Betrieb seitens des Betriebsinhabers in jeder Hinsicht selbst zu kontrollieren, reicht es für eine Entlastung des Betriebsinhabers im Rahmen des § 831 stets aus, dass er nachweist, er habe Mittelspersonen sorgfältig ausgesucht und überwacht. Aufgabe dieser Mittelspersonen muss es gewesen sein, auf unterer Ebene die ordnungsgemäße Organisation des Betriebs sicherzustellen.

Verkehrssicherungspflichten

Die besondere Bedeutung der Verkehrssicherungspflichten liegt darin, dass bei ihrer Verletzung ein Unterlassen dem positiven Tun gleichgestellt ist. Ein Verstoß gegen eine Verkehrssicherungspflicht verletzt eine entsprechende Pflicht zum Tätigwerden und genügt daher für die Begründung einer Haftung aus Unterlassen.

Verkehrssicherungspflichten können sich einmal unmittelbar aus **Gesetz** ergeben, darüber hinaus aber auch **aus allgemeinen Rechtsgedanken**. Heute unterscheidet man u.a. Verkehrssicherungspflichten aus:

1. **Verkehrseröffnung** - z.B. Wege, Plätze, Straßen, aber auch Hauszuwegungen.
   Pflicht daraus: z.B. Streupflicht bei Glatteis.

2. **Sachbeherrschung** - z.B. die Pflicht zur Sicherung von Gebäuden, Baustellen durch den jeweiligen Eigentümer oder Verkehrssicherungspflichtigen

3. **gefährlichem Beruf und Gewerbe** - z.B. bei Bauunternehmen, Gastwirten (im Hinblick auf betrunkene Personen), alle Arten von Werkstätten

4. **in Verkehr bringen gefährlicher Gegenstände.**
   Hierher gehören auch die Fälle sog. Produzentenhaftpflicht.
   Siehe dazu nächste Seite.

Verkehrssicherungspflichten können grundsätzlich auf andere Personen **übertragen** werden. Im modernen Wirtschaftsleben mit Großbetrieben ist es nämlich fast unmöglich, dass der jeweils Handlungspflichtige alle erforderlichen Verkehrssicherungspflichten selbst erfüllt.

Wird eine Verkehrssicherungspflicht übertragen, so ist dies **nur zulässig**, wenn die Übertragung an eine geeignete Person erfolgt. Dann wandelt sich die Verkehrssicherungspflicht in eine Aufsichtspflicht um. D.h., der Aufsichtspflichtige haftet bei Verletzung seiner Aufsichtspflicht auch weiterhin. Der Übernehmende haftet ab Übernahme aus einer eigenen Verkehrssicherungspflicht gegenüber dem Geschädigten.
In solchen Fällen der Übertragung von Verkehrssicherungspflichten erlangt das oben beschriebene Organisationsverschulden oftmals eine Bedeutung.

Die Produzentenhaftpflicht

Die Produzentenhaftpflicht wird aufgrund einer Richtlinie der Europäischen Union durch das sog. Produkthaftungsgesetz (ProdHaftG) geregelt. Neben dem ProdHaftG gelten aber die allgemeinen Regelungen fort.

> Da bei einem Gutachten alle in Betracht kommenden Ansprüche zu prüfen sind, ist auch die Möglichkeit einer Haftung aus §§ 823 ff zu untersuchen! Nachfolgend wird daher die Haftung eines Produzenten (im Überblick) sowohl nach dem ProdHaftG als auch nach dem Recht der unerlaubten Handlungen dargestellt.

Die Haftung nach dem ProdHaftG

Die Produkthaftung ist als Gefährdungshaftung ausgestaltet. Da also kein Verschulden erforderlich ist, hat der Produzent auch nicht die Möglichkeit eines Exkulpationsbeweises, selbst wenn die Fehler des Produktes für ihn nicht vermeidbar waren, z.B. bei sog. "Ausreißern".

Die Voraussetzungen der Haftung

Die **Anspruchsgrundlage** für eine Haftung des Produzenten ist § 1 Abs.1 ProdHaftG. Dessen **Voraussetzungen** sind:

1. Fehler eines Produktes
2. Der Anspruchsgegner ist Hersteller dieses Produktes
3. Rechtsgut des Anspruchstellers ist verletzt
4. Kausalität zwischen Fehler (1.) und Rechtsgutverletzung (3.)
5. Kausaler Schaden
6. Kein Ausschluss des Anspruchs

Was ein **Produkt i.S.d. § 1 ProdHaftG** darstellt, regelt § 2 ProdHaftG. Produkte sind alle beweglichen Sachen (auch Naturprodukte) und elektrische Energie.

Der **Fehler eines Produktes** ist in **§ 3 ProdHaftG** definiert. Im Gegensatz zum Gewährleistungsrecht kommt es hier nicht auf die nach dem Vertrag zu erwartende Funktionsfähigkeit der Sache, sondern auf die Sicherheit des Produktes an. Die fehlende Sicherheit kann sich vor allem aus Konstruktions-, Fabrikations- und Instruktionsmängeln ergeben.

Wer **Hersteller** ist, wird in **§ 4 ProdHaftG** näher beschrieben. Neben dem tatsächlichen Hersteller kommen auch der "Quasihersteller" (Abs.1 S.2), der Importeur (Abs.2) und der Lieferant (Abs.3) als Hersteller i.S.d. § 1 ProdHaftG in Betracht.

Als **geschützte Rechtspositionen** sind zunächst Leben, Körper und Gesundheit genannt.

Sachbeeinträchtigungen werden nur insoweit erfasst, als sie an anderen Sachen als dem fehlerhaften Produkt bestehen, § 1 Abs.1 S.2. Dabei muss es sich um eine gewöhnlich für den privaten Ge- und Verbrauch bestimmte Sache handeln, die konkret auch hauptsächlich zu diesem Zweck verwendet worden ist.

Nicht geschützt werden Beeinträchtigungen des Vermögens und immaterieller Positionen.

Zwischen dem Fehler des Produktes und der Verletzung einer geschützten Position muss **Kausalität i.S.d. Adäquanztheorie** bestehen.

Der **Schaden** muss ebenfalls **adäquat-kausal auf der Verletzung** beruhen. Der **Schadensumfang** wird in §§ 7 - 11 ProdHaftG geregelt. Für Todesfälle und Körperverletzungen gelten dabei nach § 10 Höchstgrenzen. Für Sachbeschädigungen gibt es nach § 11 ProdHaftG eine **Selbstbeteiligung** des Geschädigten i.H.v. Euro 500. Da nach § 15 Abs.2 ProdHaftG die Ansprüche aus unerlaubter Handlung unberührt bleiben, kann der Geschädigte diese Euro 500 über §§ 823 ff ersetzt verlangen, sofern deren Voraussetzungen gegeben sind.

Ein **Ausschluss der Haftung** kann sich außer in Form einer Selbstbeteiligung von bis zu 500 € bei Sachschäden nach § 11 ProdHaftG auch nach § 1 Abs.2 und Abs.3 ProdHaftG ergeben. Nach § 6 ProdHaftG kommt (i.V.m. § 254) eine **Haftungsminderung** in Betracht.

Die **Ansprüche verjähren nach drei Jahren** ab Kenntnis von Schaden, Fehler und Ersatzpflichtigem. Der Berechtigte muss dazu alle drei Merkmale kennen, es genügt aber für den Beginn der Verjährung auch die fahrlässige Unkenntnis, § 12 Abs.1 ProdHaftG! Endgültig erlischt der Anspruch gem. § 13 ProdHaftG 10 Jahre nachdem das Produkt in den Verkehr gebracht wurde.

Beachten Sie: für Ansprüche nach § 1 Abs.1 ProdHaftG ist also **kein Verschulden** erforderlich, es handelt sich um einen Fall der **Gefährdungshaftung**!

Die Haftung des Produzenten nach §§ 823 ff

Die **Bedeutung einer Haftung aus §§ 823 ff neben der nach dem ProdHaftG** liegt darin, dass die §§ 823 ff auch in den Fällen anwendbar sind, in denen eine Haftung nach dem ProdHaftG nicht in Betracht kommt, z.B. weil in Fällen des § 15 Abs.1 ProdHaftG der Anspruchsteller kein Verbraucher ist, § 15 Abs.2 ProdHaftG, oder ein Ersatz des Selbstbehaltes begehrt wird., s.o.

Voraussetzungen für die Haftung des Produzenten

Das erforderliche **verletzende Verhalten** kann entweder im in den Verkehr bringen oder im unzureichenden Sichern der Produkte liegen, also in einem positiven Tun oder Unterlassen. Meist wird es sich insoweit um Unterlassungsfälle handeln, so dass ein positiver Verstoß gegen eine Rechtspflicht zum Handeln vorliegen muss. Dieser wird sich meist als Verstoß gegen die allgemeine Verkehrssicherungspflicht darstellen, Produkte eines Herstellers mangelfrei und mit ausreichender Sicherheit versehen auf den Markt zu bringen. Wie stark diese Sicherungspflichten jeweils ausgeprägt sind, hängt sehr von den betreffenden Gegenständen ab. So werden beispielsweise bei Chemikalien ungleich höhere Anforderungen gestellt als bei relativ ungefährlichen, gängigen Industrie- und Handelsprodukten.

Es muss eine **Rechtsgutverletzung im Sinne des § 823 Abs.1** vorliegen.

Der Verstoß gegen die o.g. Verkehrssicherungspflicht muss **adäquat-kausal** für die Rechtsgutverletzung geworden sein.

Die **Rechtswidrigkeit** folgt auch hier aus der Verwirklichung des Tatbestandes.

Schließlich muss die Rechtsgutverletzung **schuldhaft** herbeigeführt worden sein. Maßgeblich dafür ist, ob der Verstoß gegen die Verkehrssicherungspflicht unter Missachtung der gebotenen Sorgfalt geschah. Als besondere Formen der Verkehrssicherungspflichten wird auf Organisations-, Instruktions-, Produktbeobachtungs-, und Gefahrüberwachungspflichten abgestellt.

Dazu lassen sich vier verschiedene Fehlergruppen unterscheiden:

1. Konstruktionsfehler (Entwicklungsfehler). Hierunter fallen solche Mängel, die auf fehlerhafter Entwicklung beruhen und daher allen Produkten gleichermaßen anhaften.

Nur wenn der Produzent bei Konstruktion und Entwicklung eines Produkts die mögliche Sorgfalt außer Acht gelassen hat, haftet er für diese Fehler, vgl. auch § 1 Abs.2Nr.5 ProdHaftG.

vgl. Palandt/Sprau § 823, 173; ders. § 1, 21 ProdHaftG

2. Anleitungsfehler (Instruktionsfehler). Sie haben ihre Ursache in fehlerhaften, unverständlichen oder schlecht lesbaren Gebrauchsanweisungen, Bedienungsanleitungen, fehlenden Warnungen vor Gefahren und Folgen der Benutzung des Produktes usw. Diese Fehler zählen zur „Darbietung" i.S.d. § 3Abs.1 a) ProdHaftG.

3. Produktbeobachtungsmängel. Sie haben ihre Ursache darin, dass der Hersteller seiner Pflicht, auch nach Inverkehrbringen des Produktes dieses weiterhin sorgfältig auf bisher unbekannte schädliche Eigenschaften zu beobachten etc., nicht nachgekommen ist.

Die Fehlerquellen 2. und 3. ziehen regelmäßig eine Haftung aus eigenem Verschulden des Herstellers nach sich (vgl. dazu auch die Grundsätze über das Organisationsverschulden).

4. Fabrikationsfehler. Sie haben ihre Ursache in einem personellen oder maschinellen Versagen, obwohl Entwicklung wie Herstellung dem Stand von Wissenschaft und Technik entsprechen. Dies sind also solche Mängel, die nicht generell allen Produkten, sondern nur einzelnen anhaften, sog. Ausreißer.

Bei dieser Fehlerquelle geht es meist um Fälle nachlässiger Arbeit einzelner Mitarbeiter im Produktionsbetrieb, so dass der Produzent nicht aus § 823, sondern nur aus § 831 hafteten würde. Insbesondere könnte er den Entlastungsbeweis nach § 831 Abs.1 S.2 führen, was zu einer weitgehenden Rechtlosstellung des Kunden führen würde. Angesichts der zivilprozessualen Beweislastverteilung wirkte dieses Ergebnis jedoch über die 4. Fehlerquelle hinaus auch dann, wenn nicht feststeht, aus welcher Fehlerquelle der Mangel tatsächlich stammt. Da der Abnehmer zu beweisen hätte, dass der Mangel nicht aus der 4. Fehlerquelle stammt, ihm ein derartiger Beweis aber in den seltensten Fällen möglich sein wird, wendet man bei derartigen Fallkonstellationen die Grundsätze von der Beweislastumkehr bei Organisationsverschulden an.

Der Geschädigte muss daher zunächst nachweisen, dass das Produkt mangelhaft war, dass die Mangelhaftigkeit im Produktions- und Organisationsbereich des Produzenten ihre Ursache hat und dass der Mangel für den Schaden ursächlich ist.

Danach muss der Hersteller, um einen Entlastungsbeweis zu führen, nachweisen, dass er weder nach § 823 Abs.1 noch nach § 831 für den Schaden verantwortlich ist. Für § 831 muss er dementsprechend den dazu erforderlichen Exkulpationsbeweis führen.

Daneben sind Ansprüche aus § 823 Abs.2 in Verbindung mit einem Schutzgesetz oder aus § 831 möglich. § 831 ist aber ausgeschlossen, sofern es sich um Fälle von Organisationsverschulden handelt.

Fall 5:

A kommt mit seinem Pkw der Marke X ohne sein Verschulden ins Schleudern und prallt gegen einen Baum. A erleidet schwere Verletzungen. Es stellt sich nach diversen Sachverständigengutachten Folgendes heraus: Der Sicherheitsgurt ist bei dem Aufprall gerissen. Dies ist darauf zurückzuführen, dass der Gurt so unglücklich über ein nicht abgekantetes Blech geführt wurde, dass dieses den Gurt bei der Belastung infolge des Unfalles zerschnitt. Das Blech war durch ein Konstruktionsversehen bei dieser Serie der Fahrzeuge der Marke X nicht abgekantet worden.

Weiter stellen die Gutachter fest, dass ein intakter Gurt die eingetretenen schweren Verletzungen mit an Sicherheit grenzender Wahrscheinlichkeit verhindert hätte.

A verlangt Ersatz seiner Arztkosten vom Autokonzern X. Zu Recht?

Lösungsvorschlag

A könnte gegen X einen Anspruch auf Ersatz seiner Arztkosten aus § 1 Abs.1 ProdHaftG haben.

Dann müsste der Anspruchsgegner, X, Hersteller eines Produktes sein. Wer Hersteller ist, ergibt sich aus § 4 ProdHaftG. X ist offenbar derjenige, der Fahrzeuge der Marke X tatsächlich als industrieller Unternehmer produziert. Damit ist X gem. § 4 ProdHaftG Hersteller des fraglichen Fahrzeugs.

Das Fahrzeug müsste ein Produkt i.S.d. § 1 Abs.1 ProdHaftG sein. Nach § 2 ProdHaftG ist jede bewegliche Sache geeignetes Produkt, also auch das Fahrzeug der Marke X.

Dieses Produkt müsste einen Fehler aufgewiesen haben. Der Begriff des Fehlers ist in § 3 ProdHaftG beschrieben. Ein Fehler ist danach anzunehmen, wenn die Sache nicht über den zu erwartenden Sicherheitsstandard verfügte. Bei einem Kfz kann man berechtigterweise davon ausgehen, dass Sicherheitsgurte so angebracht werden, dass Sie den üblichen Schutz bei Unfällen bieten, insbesondere nicht durch scharfkantige Bleche abgetrennt werden. Das fehlende Abgraten stellt einen Konstruktionsmangel dar, der die Sicherheit beeinträchtigt. Es handelt sich somit um ein fehlerhaftes Produkt.

Es ist weiter zu einer Körperverletzung, also einer durch § 1 Abs.1 geschützten Rechtsposition gekommen. Wie sich aus dem Gutachten ergibt, beruht diese Verletzung auch in adäquat-kausaler Weise auf dem Fehler.

Der erforderliche Schaden ist mit den Heilungskosten gegeben. Hinweise auf Ausschlussgründe nach § 1 Abs.2, 3 und § 10 ProdHaftG liegen nicht vor.

Mithin hat A gegen X einen Anspruch auf Ersatz seiner Arztkosten aus § 1 Abs.1 ProdHaftG.

A könnte gegen X Anspruch auf Ersatz seiner Arztkosten aus § 823 Abs.1 haben.

Dann müsste zunächst ein verletzendes Verhalten gegeben sein. Hier kommt ein positiver Verstoß gegen eine Verkehrssicherungspflicht in Betracht. X hat im Rahmen seines Betriebes alle Maschinen so einzustellen, dass auch dieses Blech abgekantet wird. Die Einrichtung zählt zum Bereich der Entwicklung und Produktionsvorbereitung, es handelt sich somit um einen Konstruktionsfehler. Da es dem Hersteller oblegen hätte, seinen Betrieb so zu organisieren, dass es nicht zu solchen Konstruktionsmängeln kommt, z.B. durch entsprechende Kontrollen, hat X ihm obliegende Pflichten verletzt. Nach den Regeln über das Organisationsverschulden stellt dies ein verletzendes Verhalten i.S.d. § 823 Abs.1 dar.

Die weiter notwendige Rechtsgutverletzung liegt mit der bei A eingetretenen Körperverletzung vor.

Diese müsste auf dem schädigenden Verhalten, hier auf der dargestellten Pflichtverletzung beruhen. Nach den Feststellungen des Sachverständigen beruhen die Verletzungen auf dem Abriss des Gurtes, dies wiederum auf der fehlenden Abkantung des Bleches und dies auf der Verletzung der Pflicht, die Einrichtung der Maschinen ordnungsgemäß zu besorgen. Also ist die haftungsbegründende Kausalität gegeben.

Damit verhielt sich X auch rechtswidrig.

Nach den Grundsätzen des Organisationsverschuldens trifft den Hersteller eines Produktes selbst eine Aufsichts- und Organisationspflicht, die hier mangels anderer Angaben zumindest fahrlässig verletzt wurde. X verhielt sich damit auch schuldhaft.

Weiter sind dem A Arztkosten entstanden, er hat also eine Vermögenseinbuße, mithin einen Schaden erlitten.

Da dieser adäquat auf der Rechtsgutverletzung beruht, ist auch die haftungsausfüllende Kausalität gegeben.

Folglich hat A gegen X einen Anspruch auf Ersatz seiner Arztkosten aus § 823 Abs.1.

§§§§§§§§§§§§§§§§§§§§§§§§§

Die deliktische Haftung juristischer Personen

Da eine juristische Person niemals selbst, sondern nur durch ihre Vertreter handelt, kann die juristische Person auch nicht selbst unmittelbar aus §§ 823 ff in Anspruch genommen werden. Erst durch die Zurechnungsnorm des § 31 gelangt man zu einer Haftung der juristischen Person. § 31 ist, anders als § 831, keine eigenständige Anspruchsgrundlage. Daher ist sie zusammen mit der jeweiligen Schadensersatznorm zu zitieren, hier also z.B. § 823 in Verbindung mit § 31.

Voraussetzung für eine Haftung aus § 31 in Verbindung mit §§ 823 ff ist, dass das Organ eine Vorschrift der §§ 823 ff selbst tatbestandsmäßig, rechtswidrig und schuldhaft verletzt hat.

Organe im Sinne des § 31 sind einmal die verfassungsmäßigen Vertreter der juristischen Person, insbesondere der Vorstandsvorsitzende und die Vorstandsmitglieder. Daneben kommen aber auch solche Personen in Betracht, die nicht Organe im eigentlichen Sinne sind, da es nach überwiegender Ansicht nicht darauf ankommt, dass der jeweils als Organ Handelnde eine aus der Satzung folgende rechtsgeschäftliche Vertretungsmacht innehatte. Es soll vielmehr genügen, dass er wesentliche Funktionen der juristischen Person selbständig und eigenverantwortlich erfüllt hat.

Die **Rechtsfolge** ergibt sich aus derjenigen Vorschrift der unerlaubten Handlungen, die man innerhalb der Anspruchsgrundlage geprüft hat.

Der **Anwendungsbereich des § 31** erstreckt sich unmittelbar auf rechtsfähige Vereine, umfasst aber alle juristischen Personen (so u.a. über § 22 auch die AG, GmbH und Genossenschaft als wirtschaftliche Vereine). Analog wird § 31 angewandt auf die OHG und die KG, die wegen ihrer aus § 124 HGB folgenden weitgehenden Annährung an eine juristische Person ebenso behandelt werden sollen.

Ebenfalls analog angewandt wird diese Vorschrift auf die nicht-rechtsfähigen Vereine, da diese aufgrund ihrer körperschaftlichen Struktur den anderen Vereinen ähnlich sind

Palandt-Ellenberger, § 54, 12.

Die Gefährdungshaftung

Den Tatbeständen, die eine Gefährdungshaftung zum Gegenstand haben, liegt der Gedanke zugrunde, dass jemand, der erlaubter Weise eine gefährliche Tätigkeit ausübt oder eine gefährliche Sache beherrscht, für alle Schäden, die aus dieser Art der Betätigung herrühren oder die von der Sache ausgehen, grundsätzlich haften soll. Die sich daraus ergebende nahezu uferlose Weite der Haftung wird in den einzelnen Tatbeständen auf unterschiedliche Weise eingeschränkt. Nachfolgend sollen nur im Überblick die wichtigsten Tatbestände der Gefährdungshaftung angesprochen werden.

Unmittelbar im BGB findet sich in § 833 S.1 die Gefährdungshaftung des Tierhalters von Luxustieren.

Der wichtigste Fall der Gefährdungshaftung ist außerhalb des BGB geregelt. Es ist die Haftung des Kfz-Halters nach § 7 Abs.1 StVG. Dieser soll nach dem Gesetz für alle Schäden haften, die dadurch entstanden sind, dass bei dem Betrieb seines Fahrzeuges ein Mensch getötet, verletzt oder eine Sache beschädigt wurde.

Die **Voraussetzungen des § 7 Abs.1 StVG** sind:

1. In Anspruch Genommener ist Halter eines Kraftfahrzeuges
2. Eintritt eines Personen- oder Sachschadens
3. Schadenseintritt bei Betrieb des Kfz
4. Kein Ausschluss, keine Minderung der Haftung

Halter eines Kraftfahrzeuges ist, wer die tatsächliche Verfügungsgewalt über dieses besitzt und es für eigene Rechnung gebraucht. Beachten Sie: es kommt auf die tatsächliche Verfügungsgewalt an, nicht auf die rechtliche. So sind insbesondere die Eigentumsverhältnisse nicht entscheidend, sie können jedoch ein Indiz sein. Für eigene Rechnung gebraucht derjenige ein Fahrzeug, der Betriebskosten etc. trägt. Beachten Sie jedoch den Ausschluss des § 8 StVG.

Es muss zu einem **Personen - oder Sachschaden** gekommen sein. Folglich scheiden reine Vermögensschäden aus.

Der **Schaden trat bei dem Betrieb des Kraftfahrzeuges** ein, wenn zwischen dem Betrieb und dem Schadenseintritt ein unmittelbarer örtlicher und zeitlicher Zusammenhang mit den Betriebsvorgängen bestand. Es reicht dazu jede Gefahr aus, die sich verwirklicht. Es genügt also einfacher Kausalzusammenhang. Nicht erforderlich ist, dass es sich um eine typische Gefahr handelt, die beim Kraftfahrzeug üblicherweise besteht.

Ein **Ausschluss der Haftung** kann sich nach § 7 Abs.2 StVG ergeben. Dies ist der Fall, wenn der Unfall sich als **höhere Gewalt für den Halter** darstellt.

Als solche gelten nur sog. **betriebsfremde Ereignisse**, also solche Vorgänge, die von außen auf den Betrieb des Fahrzeugs einwirken und die der Halter/Fahrer selbst bei der größtmöglichen Sorgfalt nicht verhindern konnte.

Beachten Sie: Bereits ein geringes Mitverschulden des Halters oder des Fahrers schließt die höhere Gewalt aus! Beachten Sie ferner, dass auch nach § 7 Abs.3 S.1 die Haftung des Halters aus § 7 Abs.1 ausgeschlossen werden kann - bei Schwarzfahrten! Die Haftung bleibt in diesen Fällen aber nach § 7 Abs.3 S.2 StVG dann bestehen, wenn der Fahrzeughalter schuldhaft die Schwarzfahrt ermöglicht hat, z.B. wenn er das Fahrzeug hat offen stehen lassen.

Eine **Minderung der Haftung** des Fahrzeughalters kann sich ergeben, wenn den Verletzten ein Mitverschulden trifft. Gem. § 9 StVG gilt insoweit § 254. Voraussetzung für die Anwendung des § 254 ist, dass der Verletzte als Fahrer oder Halter seinerseits ersatzpflichtig ist. Daher ist zunächst zu prüfen, ob eine Ersatzpflicht nach §§ 7 Abs.1 StVG oder 18 Abs.1 StVG besteht.

Ferner darf der Unfall für den Verletzten **keine höhere Gewalt** gewesen sein, da dann seine Ersatzpflicht ausgeschlossen wäre. Außerdem ist § 17 Abs.1 S.2 StVG zu berücksichtigen, wenn der Verletzte selbst Halter eines am Unfall beteiligten Fahrzeuges ist. Danach muss der Halter stets die Betriebsgefahr des Fahrzeuges gegen sich gelten lassen, auch wenn ihn kein oder ein nur geringes Mitverschulden trifft. Nur wenn der Unfall für ihn höhere Gewalt im Sinne des § 7 Abs.2 StVG darstellt, entfällt seine Ersatzpflicht.

Beachten Sie: der Schadensersatzanspruch aus dem StVG ist der Höhe nach beschränkt, § 12 StVG, und sieht keinen Ersatz in Form von Schmerzensgeld vor!

Neben diesen Ansprüchen aus dem StVG kommen auch die Schadensersatzansprüche des BGB in Betracht. Soweit die Haftungssummen nach dem StVG überschritten werden, kann nur Ersatz aus den Vorschriften des BGB verlangt werden.

Weitere Fälle der Gefährdungshaftung sind: Haftung des Eisenbahnunternehmers gem. § 1 Haftpflichtgesetz; Luftverkehrshaftpflicht nach §§ 33 ff Luftverkehrsgesetz; Haftung für den Betrieb von Energieanlagen nach §§ 25 ff Atomgesetz, die Haftung nach Wasserhaushaltsgesetz, Umwelthaftungsgesetz, Gentechnikgesetz und schließlich die schon erwähnte Haftung des Tierhalters nach § 833 Abs.1.

Fall 6:

A ist Halter eines Pkw. Er fährt damit, wie stets, mit überhöhter Geschwindigkeit durch Kiel. Daher kann er nicht mehr rechtzeitig bremsen, als K auf die Straße läuft. K wird erfasst und zu Boden geschleudert. Er erleidet schwere Verletzungen und verlangt von A seine Arztkosten aus § 7 StVG ersetzt. Zu Recht?

Lösungsvorschlag

K könnte gegen A Anspruch auf Ersatz seiner Arztkosten aus § 7 Abs.1 StVG haben.

Dann müsste der Anspruchsgegner, also A, Halter des Kraftfahrzeugs gewesen sein, das den Schaden verursachte. Halter ist, wer ein Kfz für eigene Rechnung in Gebrauch hat und zum Gebrauch die erforderliche tatsächliche Verfügungsgewalt besitzt. Laut Sachverhalt ist A Halter des fraglichen Pkw, so dass diese Voraussetzung erfüllt ist.

Weiter muss es bei dem Betrieb des Kraftfahrzeugs zu einem Körper- oder Sachschaden gekommen sein. Zu den Verletzungen des K kam es, als A mit dem Fahrzeug fuhr, so dass der Schaden beim Betrieb des Kraftfahrzeuges eintrat.

Schließlich darf es sich bei dem Unfall nicht um höhere Gewalt im Sinne des § 7 Abs.2 StVG gehandelt haben. Dies sind vor allem solche Vorgänge, die auch ein besonders sorgfältiger Kraftfahrer nicht hätte verhindern können, insbesondere also betriebsfremde Einwirkungen. Im vorliegenden Fall ist K dem A vor das fahrende Auto gelaufen, insofern liegt ein von außen auf das Fahrzeug einwirkendes Ereignis vor. Zudem muss niemand damit rechnen, dass ihm plötzlich ein Fußgänger vor den Wagen läuft. Damit könnte es sich um höhere Gewalt handeln, es sei denn, dem stünde entgegen, dass A hier zu schnell gefahren ist. Nach dem Sachverhalt kann A infolge der überhöhten Geschwindigkeit nicht mehr bremsen, als K vor ihm auf die Fahrbahn läuft. Damit besteht ein Ursachenzusammenhang zwischen der Geschwindigkeitsüberschreitung und dem Unfall. Ein besonders sorgfältiger Kraftfahrer hätte die zulässige Höchstgeschwindigkeit jedoch nicht überschritten und wäre damit in der Lage gewesen, diesen Unfall zu vermeiden. Damit ist das Ereignis hier schon deshalb nicht als höhere Gewalt im Sinne des § 7 Abs.2 anzusehen. Folglich ist die Haftung des A nicht ausgeschlossen und er haftet dem Grunde nach K auf Ersatz der Arztkosten.

Der Schadensumfang könnte dadurch beeinflusst werden, dass den K ein Mitverschulden am Zustandekommen des Unfalls trifft. Es besteht auch für Fußgänger die Pflicht, sich im Straßenverkehr so sorgfältig zu verhalten, dass es nicht zu Unfällen kommt. Da K plötzlich die Straße betrat, spricht bei lebensnaher Auslegung des Sachverhaltes viel dafür, dass K bei Anwendung der nötigen Sorgfalt den Unfall hätte vermeiden können. Also ließ er die im Verkehr erforderliche Sorgfalt außer Acht, handelte mithin fahrlässig und damit schuldhaft. Folglich trifft K ein Mitverschulden i.S.d. § 254, welches seinen Anspruch mindert.

Daher kann K von A Ersatz der Arztkosten aus § 7 Abs.1 StVG gemindert um den Anteil seines Mitverschuldens verlangen.

§§§§§§§§§§§§§§§§§§§§§§

Die Haftung mehrerer Schädiger

Bei der Haftung mehrerer Personen nebeneinander ist zwischen dem **Innen - und dem Außenverhältnis** zu unterscheiden.

Das **Außenverhältnis** bezeichnet die Haftung gegenüber dem Geschädigten, das **Innenverhältnis** das Verhältnis der einzelnen haftenden Schädiger untereinander.

Das **Außenverhältnis** wird durch **§ 840 Abs.1** geregelt. Danach haften mehrere Schädiger, die nebeneinander verantwortlich sind, als **Gesamtschuldner**.

Voraussetzungen des § 840 Abs.1

1. Schaden aus unerlaubter Handlung
2. Verantwortlichkeit mehrerer nebeneinander

Rechtsfolge des § 840 Abs.1: Gesamtschuldverhältnis i.S.d. §§ 421 ff

Unter unerlaubter Handlung in diesem Sinne ist jeder gesetzlich normierte Fall einer Verschuldens- oder Gefährdungshaftung zu verstehen. Es reicht daher neben §§ 823 ff auch aus, dass einer oder mehrere Beteiligte z.B. aus § 7 StVG, § 18 StVG usw. haften.

Ausgleich im Innenverhältnis zu den anderen Gesamtschuldnern

Diese Frage stellt sich, wenn einer der Gesamtschuldner in Anspruch genommen wird und eine Leistung an den Gläubiger erbringt.

Das **Innenverhältnis der Haftenden untereinander regelt § 426 Abs.1**. Der Leistende kann nach § 426 Ausgleich von den übrigen Gesamtschuldnern verlangen.

Einzige **Voraussetzung des § 426 Abs.1** ist das **Bestehen eines Gesamtschuldverhältnisses**, das aus § 840 Abs.1 herzuleiten ist. Nach § 426 Abs.1 haftet jeder der Gesamtschuldner zu gleichen Anteilen. Diese Regel wird jedoch insofern **eingeschränkt**, als es in der Vorschrift heißt, "soweit das Gesetz nicht ein anderes bestimmt". Eine solche andere Bestimmung kann sich für den Bereich der unerlaubten Handlungen aus § 840 Abs.2, Abs.3 und § 841 ergeben. Von besonderer Bedeutung ist insoweit § 840 Abs.2 für Fälle, in denen neben dem unmittelbaren Schädiger (der als Verrichtungsgehilfe selbst aus § 823 haftet) auch der Geschäftsherr aus § 831 haftet. Für diese Fälle gilt, dass im Verhältnis des Verrichtungsgehilfen zum Geschäftsherrn der Verrichtungsgehilfe im Innenverhältnis den gesamten Schaden zu tragen hat, § 840 Abs.1. Daher kann der Geschäftsherr hier vollen Ersatz verlangen.

Beachten Sie: Nach den im Arbeitsrecht geltenden Grundsätzen zur beschränkten Arbeitnehmerhaftung kann ein solcher Innenausgleich jedoch u.U. gänzlich ausscheiden!

Fall 7:

Wie der Fall 4, aber G verlangt nunmehr von V Ersatz der gesamten Schadensersatzleistungen, die er seinerseits an K erbrachte. Zu Recht?

Hinweis: auf die arbeitsrechtlichen Besonderheiten ist nicht einzugehen!

Lösungsvorschlag

G könnte Anspruch gegen V auf Erstattung der an K geleisteten Reparaturkosten aus § 426 haben.

Da G lediglich verpflichtet war, dem K die Reparaturkosten für den Schrank zu ersetzen, nicht aber die Reinigungskosten für den Anzug, kann sich ein Ausgleichsanspruch des G gegen V auch nur auf diese Reparaturkosten beziehen.

§ 426 setzt zunächst voraus, dass zwischen G und V ein Gesamtschuldverhältnis bestand. Ein solches Gesamtschuldverhältnis kann durch Vertrag oder Gesetz begründet werden. Da § 840 die Gesamtschuld bei unerlaubten Handlungen regelt, kommt hier eine Entstehung aus § 840 in Betracht.

§ 840 Abs.1 setzt voraus, dass mehrere nebeneinander aus einer unerlaubten Handlung haften. Wie oben (Fall 4) festgestellt, haftet G aus § 831. Ferner müsste auch V aus unerlaubter Handlung dem K gegenüber haften. In Betracht kommt eine Haftung aus § 823 Abs.1. Tatbestand und Rechtswidrigkeit dieser Vorschrift sind erfüllt, s.o. .

Weiter müsste V jedoch auch schuldhaft gehandelt haben. Dazu genügt für § 823 Abs.1 jede Form der Fahrlässigkeit. V verhielt sich unachtsam. Er ließ daher die im Verkehr erforderliche Sorgfalt außer Acht, handelte mithin fahrlässig gem. § 276 Abs.1. Hinweise auf fehlende Verschuldensfähigkeit oder auf Entschuldigungsgründe liegen nicht vor, daher hat V schuldhaft gehandelt.

Damit liegen die Voraussetzungen des § 823 Abs.1 vor, so dass V aus dieser Vorschrift haftet. Damit besteht eine Haftung von V und G nebeneinander, so dass nach § 840 Abs.1 ein Gesamtschuldverhältnis begründet wurde. Damit haften gemäß § 426 Abs.1 S.1 V und G zunächst zu gleichen Teilen, also je zu 1/2. Da G den K bereits voll befriedigt hat, kann er gem. § 426 Abs.2 S.1 Ausgleich in Höhe des Anteils der Leistung verlangen, der eigentlich dem V oblegen hätte. Dies ist hier jene Hälfte, für die V haftet. Somit hat G jedenfalls Anspruch auf Leistung der Hälfte der an K gezahlten Reparaturkosten von V. Fraglich ist jedoch, ob er nicht auch noch die zweite Hälfte dieser Kosten verlangen kann. Nach § 426 Abs.1 gilt die Haftung zu gleichen Anteilen nur, "soweit nichts anderes bestimmt ist". Eine solche andere Bestimmung könnte sich hier aus § 840 Abs.2 ergeben. Dann müsste neben dem aus § 831 Verpflichteten, also G, auch der andere, also V, für den Schaden verantwortlich sein. V seinerseits haftet aus § 823 Abs.1, so dass diese Voraussetzung gegeben ist. Rechtsfolge des § 840 Abs.2 ist dann, dass der andere, also V, allein für den Schaden verantwortlich ist. Damit haftet im Innenverhältnis zu G allein der V, so dass G auch noch Erstattung der zweiten Hälfte der geleisteten Reparaturkosten verlangen kann.

Somit hat G gegen V einen Anspruch auf Ersatz der gesamten an K gezahlten Reparaturkosten aus § 426 i.V.m. § 840.

§§§§§§§§§§§§§§§§§§§§§§§§

§ 830 regelt, wer bei **Beteiligung mehrerer** für den Schaden verantwortlich ist. Während § 830 Abs.1 Mittäterschaft der einzelnen Beteiligten zum Gegenstand hat, regelt § 830 Abs.2, dass in gleicher Weise Anstifter und Gehilfen zu behandeln sind. Damit kommt es auf das Gewicht des Tatbeitrages, also auf Täterschaft, Anstiftung oder Beihilfe, nicht an.

Steht fest, dass mehrere Beteiligte an einer unerlaubten Handlung vorhanden sind, jedoch nur einer von ihnen den Schaden verwirklicht hat, so ist nach § 830 Abs.1 S.2 auch dann jeder für den ganzen Schaden verantwortlich, wenn sich nicht ermitteln lässt, wer von diesen Beteiligten konkret den Schaden verursachte.

Für eine **Beteiligung im Sinne des § 830 Abs.1 S.1** ist ein bewusstes und gewolltes Zusammenwirken erforderlich. Das bloße Zusammentreffen mehrerer fahrlässiger Handlungen genügt nicht!

Nach **§ 830 Abs.1 S.2** kann dagegen auch **ohne bewusstes Zusammenarbeiten** eine **Haftung der Beteiligten** bestehen. Voraussetzung ist:

1. Jeder der Beteiligten hat den Schaden möglicherweise selbst verursacht.

2. Alle Einzelakte der Beteiligten sind derart sachlich, zeitlich und räumlich miteinander verknüpft, dass sie nach der Verkehrsanschauung einen einheitlichen Vorgang bilden.

Fraglich ist, ob § 830 Abs.1 S.2 auch dann eingreift, wenn feststeht, dass einer der Beteiligten den gesamten Schaden verursacht hat, es jedoch nicht klar ist, wer derjenige ist.

Während z.T vertreten wird, dass auch in diesen Fällen § 830 Abs.1 S.2 anzuwenden sei, meint eine andere Ansicht, diese Vorschrift scheide hier aus, da der § 830 Abs.1 S.2 eigene typische Beweisnotstand auf Seiten des Geschädigten hier gerade nicht gegeben sei.

§ 830 Abs.1 S.2 greift stets dann nicht ein, wenn wenigstens einer der Beteiligten rechtmäßig gehandelt hat, denn gerade er könnte den Schaden verursacht haben. Gleiches gilt, wenn der Geschädigte selbst als Beteiligter anzusehen ist.

Kein Fall des § 830 ist die Nebentäterschaft. Diese liegt vor, wenn mehrere unabhängig voneinander einen Schaden verursacht haben, einerlei, ob der Schadenseintritt erst durch das kumulative Zusammenwirken der einzeln gesetzten Ursachen möglich war oder aber jede der von den Nebentätern gesetzten Ursachen allein ausreichte, den Schadenseintritt zu verwirklichen.

Fall 8:

A, B und C werfen im Rahmen einer Dachreparatur Dachziegel vom Haus des X in dessen Vorgarten. Dabei werfen sie aus Unachtsamkeit einen Dachziegel so unglücklich auf einen Betonblock, dass der Dachziegel zersplittert und die Splitter das vor dem Haus geparkte Fahrzeug des Z treffen. Dieser verlangt Ersatz der dadurch an seinem Wagen entstandenen Lackschäden von A. Zu Recht?

Lösungsvorschlag

Z könnte gegen A einen Anspruch auf Schadensersatz für die Lackschäden aus § 823 Abs.1 haben. Dann müsste zunächst eine Verletzungshandlung des A vorliegen. Indem auch A Dachziegel hinab wirft, legt er ein von seinem Willen getragenes menschliches Handeln an den Tag, ein verletzendes Verhalten liegt mithin vor.

Ferner ist eine Rechtsgutverletzung erforderlich. Hier kommt eine Eigentumsverletzung auf Seiten des Z in Betracht. Da der zersplitterte Dachziegel den Lack des Wagens trifft, diesen beschädigt und es sich laut Sachverhalt um das Fahrzeug des Z handelt, ist anzunehmen, dass dieses auch im Eigentum des Z steht. Durch die Lackschäden wird dieses Eigentum beeinträchtigt, eine Eigentumsverletzung liegt also vor.

Erforderlich ist jedoch weiter, dass die eingetretene Rechtsgutverletzung gerade auf diesem verletzenden Verhalten beruht. Da es sich laut Sachverhalt nicht ermitteln lässt, ob es nun gerade die Würfe des A waren, die die Beschädigungen am Fahrzeug des Z hervorriefen, ist Kausalität im Sinne der Adäquanztheorie nicht ersichtlich. Es fehlt mithin an einem Merkmal des objektiven Tatbestandes, so dass Z gegen A keinen Anspruch auf Ersatz der Lackschäden aus § 823 Abs.1 hat.

Z könnte jedoch gegen A einen Anspruch auf Ersatz der Lackschäden aus § 823 Abs.2 in Verbindung mit § 303 StGB haben.

Dies setzt zunächst die Existenz eines Schutzgesetzes voraus. In Betracht kommt insoweit die Strafvorschrift des § 303 StGB. Dieser schützt vornehmlich die Individualsphäre einzelner Bürger, nämlich deren Eigentum, und ist daher als Schutzgesetz im Sinne des § 823 Abs.2 anzusehen.

Dieses müsste tatbestandlich, rechtswidrig und schuldhaft verletzt worden sein.

Zur Erfüllung des objektiven Tatbestandes von § 303 StGB ist es erforderlich, dass die Tathandlung, im Gesetz als Beschädigung beschrieben, eine Sachbeschädigung verursacht hat. Mit den o.g. Argumenten lässt sich auch hier nicht mit Sicherheit feststellen, dass es gerade das Verhalten des A war, das zur Eigentumsbeeinträchtigung bei Z führte. Daher muss zumindest nach dem Grundsatz "in dubio pro reo" davon ausgegangen werden, dass es nicht der Ziegel des A war, der die Beschädigungen herbeiführte. Daher lässt sich bereits objektiv der Erfolg dem A nicht zurechnen, § 303 ist schon deshalb nicht erfüllt.

Mithin hat Z keinen Anspruch auf Schadensersatz gegen A aus § 823 Abs.2 in Verbindung mit § 303 StGB.

Z könnte Anspruch auf Schadensersatz aus § 830 iVm § 823 Abs.1 gegen A haben.

In Betracht kommt zunächst ein Fall des § 830 Abs.1 S.1. Dazu bedarf es einer gemeinschaftlich begangenen unerlaubten Handlung. Eine unerlaubte Handlung liegt insofern vor, als durch das Verhalten von A, B und C zusammengenommen jedenfalls die Beeinträchtigung des Eigentums auf Seiten des Z eintrat. Allerdings beschreibt § 830 Abs.1 S.1 einen Fall mittäterschaftlicher Begehungsweise, wozu ein bewusstes und gewolltes Zusammenwirken, also insbesondere auch ein gemeinsamer Tatentschluss erforderlich ist. Da A, B und C jedoch im Rahmen ihrer Arbeit die Ziegel hinab warfen und sich offenbar keinerlei Gedanken über eine Sachbeschädigung am Fahrzeug des Z gemacht haben, fehlt es bereits an einem gemeinsamen Tatentschluss. Insofern scheidet ein Fall des § 830 Abs.1 S.1 aus.

Für einen Fall des § 830 Abs.2 müsste A als Anstifter oder Gehilfe gegenüber B/C anzusehen sein. Auch dies würde ein vorsätzliches Verhalten im Hinblick auf die rechtswidrige Haupttat eines anderen erfordern. Dies lässt sich dem Sachverhalt jedoch nicht entnehmen, so dass ein Fall des § 830 Abs.2 nicht in Betracht kommt.

Schließlich wäre es denkbar, dass eine Verantwortung des A aus § 830 Abs.1 S.2 folgt. Dann müsste er Beteiligter an einer unerlaubten Handlung sein.

Eine Beteiligung setzt voraus, dass jeder der Beteiligten den Schaden möglicherweise verursacht hat. Dazu ist notwendig, dass deren Handlungen derart sachlich, zeitlich und räumlich zusammengefasst sind, dass sie nach der Verkehrsanschauung einen einheitlichen, zusammenhängenden Vorgang bilden. A, B und C werfen im Rahmen ihrer Arbeit in unmittelbarer räumlicher Nähe stehend, laufend die Dachziegel hinab. Also liegt ein derartiger Zusammenhang vor. Da jeder von ihnen Ziegel hinab wirft, ist es auch möglich, dass jeder von ihnen den Dachziegel auf den Betonklotz warf, wodurch es zu den Splittern und damit zu der Beschädigung am Fahrzeug des Z kam. Eine Beteiligung im Sinne des § 830 Abs.1 S.2 liegt mithin vor.

Weiter darf kein bewusstes und gewolltes Zusammenwirken der Beteiligten gegeben sein. Dies ist der Fall s.o.

Damit liegt eine Verantwortlichkeit des A vor, wenn das Ergebnis der als Einheit betrachteten Handlung von A, B und C eine unerlaubte Handlung darstellen würde.

Wie oben bereits geprüft, sind ein verletzendes Verhalten und eine Rechtsgutverletzung zu bejahen. Da keine Rechtfertigungsgründe eingreifen, ist auch Rechtswidrigkeit gegeben. A, B und C hätten im Übrigen auch darauf achten können, ob bei dem Hinabwerfen der Ziegel ggf. fremdes Eigentum in Mitleidenschaft gezogen werden könnte. Indem sie dies jedoch unterlassen haben, haben sie die im Verkehr erforderliche Sorgfalt außer Acht gelassen, also fahrlässig und daher schuldhaft gehandelt.

Zusammengenommen hat das Verhalten der drei Beteiligten auf adäquat-kausale Weise die Beschädigung verursacht und zu einer Vermögenseinbuße, also einem Schaden geführt. Dieser beruht seinerseits adäquat-kausal auf der Rechtsgutverletzung. Damit liegen die Voraussetzungen für eine unerlaubte Handlung vor.

Gemäß § 840 haften im Außenverhältnis mehrere Beteiligte an einer unerlaubten Handlung dem Geschädigten gegenüber als Gesamtschuldner. Daher kann Z sich einen der Gesamtschuldner auswählen und diesen auf die gesamten Leistungen in Anspruch nehmen. Folglich hat Z einen Anspruch auf Ersatz der Lackschäden aus §§ 823 Abs.1, 830 Abs.1 S.2, 840 Abs.1 gegen A.

Der Umfang des Schadensersatzanspruchs bei unerlaubter Handlung

Prinzipiell richtet sich der Umfang der Schadensersatzpflicht auch im Bereich der unerlaubten Handlungen nach den allgemeinen Vorschriften des Schuldrechts, also den §§ 249 ff. Allerdings finden sich in den §§ 842 bis 852 teilweise Sonderregelungen für die unerlaubten Handlungen, die die Vorschriften aus dem allgemeinen Schuldrecht ergänzen oder abändern.

Der Schadensersatz für Sachschäden ist in §§ 848 bis 851 geregelt. Dabei gewährt das Gesetz grundsätzlich nur Ansprüche zugunsten des unmittelbar Geschädigten.

Bei Ansprüchen wegen Personenschäden ist zu unterscheiden zwischen solchen, die dem unmittelbar Geschädigten und solchen, die dem mittelbar Geschädigten zustehen.

Ansprüche des unmittelbar Geschädigten auf Ersatz von Personenschäden

Die Ersatzpflicht ist zunächst in **§§ 842 und 843** geregelt. Darüber hinaus hat der unmittelbar Geschädigte auch nach **§ 253 Abs.2 einen Anspruch auf Schmerzensgeld**.

§ 253 Abs.2 stellt gesetzessystematisch eine Ausnahme zum allgemeinen Grundsatz des § 253 dar. § 253 normiert, dass ein Ersatz für immaterielle Schäden grundsätzlich nicht zu gewähren ist, außer in den gesetzlich bestimmten Fällen. Ein solcher gesetzlich bestimmter Fall ist § 253 Abs.2.

Anspruch auf Schmerzensgeld nach § 253 Abs.2

Voraussetzungen des § 253 Abs.2

1. **Anspruch auf Schadensersatz**
2. **Verletzung von Körper, Gesundheit, Freiheit oder des sexuellen Selbstbestimmungsrechts eines Menschen**
3. **immaterielle Natur des eingetretenen Schadens.**

Beachten Sie: § 253 Abs.2 ist **keine selbständige Anspruchsgrundlage**, sondern nur eine Regelung des Anspruchsinhalts. Die Anspruchsgrundlage bleibt eine andere Norm, deren Rechtsfolge Schadensersatz ist, z.B. § 823 Abs.1!

Die nach § 253 Abs.2 zu ersetzenden immateriellen Schäden sind vor allem die Einbußen an körperlichem und seelischem Wohlbefinden. Dazu zählen: Schmerzen, Ängste, aber auch der Entzug der Möglichkeit, bestimmte Tätigkeiten, z. B. Sport, Musizieren, auszuüben.

§ 253 Abs.2 erfasst nicht alle der in §§ 823 ff geschützten Rechtsgüter – so z.B. nicht die sonstigen Rechte.

Rechtsfolge des § 253 Abs.2 ist eine **"billige Entschädigung in Geld"**, d.h. eine den Verhältnissen und der Schwere der Beeinträchtigung angemessene Geldsumme (vgl. dazu auch § 287 ZPO).

Fraglich ist, ob in Fällen der **Verletzung des allgemeinen Persönlichkeitsrechts** ebenfalls **Schmerzensgeld** zu gewähren ist. Nach dem Wortlaut des § 253 Abs.2 ist dies nicht möglich, da das Persönlichkeitsrecht oder ggf. die damit zusammenhängende Ehre einer Person nicht aufgezählt ist. Dennoch ist die Gewährung von Schmerzensgeld bei Verletzung des allgemeinen Persönlichkeitsrechts weitgehend anerkannt. Sie ist ständige Rechtsprechung des BGH und überwiegende Ansicht in der Literatur. Streit besteht lediglich noch in der Begründung des Anspruches. Überwiegend meint man, der Anspruch ergebe sich aus § 823 Abs.1 i.V.m. dem Schutzauftrag aus Art. 1 und 2 Abs.1 GG.

Voraussetzungen für die Gewährung von Schmerzensgeld bei der Verletzung des allgemeinen Persönlichkeitsrechts

1. **Persönlichkeitsrecht wurde rechtswidrig und schuldhaft verletzt**
2. **keine bloß unerhebliche Beeinträchtigung des Persönlichkeitsrechts**
3. **keine ausreichende Genugtuung des Geschädigten auf andere Weise**

Eine Genugtuung auf andere Weise, liegt z.B. vor, wenn ehrenrührige Behauptungen durch eine entsprechende Presseerklärung widerrufen werden.

Ersatzansprüche mittelbar Geschädigter bei Personenschäden

Neben den Beerdigungskosten, § 844 Abs.1, ist hier zunächst die Pflicht zur Unterhaltsgewährung nach § 844 Abs.2 zu nennen.

Voraussetzungen des § 844 Abs.2

1. Die **getötete Person war kraft Gesetzes dem Anspruchsinhaber unterhaltspflichtig**. Derartige Unterhaltspflichten können vor allem durch Familienrecht (§§ 1360, 1601 ff) entstehen.

2. **Unterhaltspflicht bestand im Zeitpunkt der Verletzung**. Nicht entscheidend ist daher der Todeszeitpunkt.

Beachten Sie aber: es reicht aus, wenn der Unterhaltsberechtigte zwar noch nicht geboren, jedoch bereits gezeugt war, § 844 Abs.2 S.2.

Rechtsfolge: Gewährung einer Rente

Beachten Sie: Auch wenn eine andere Person durch die Tötung unterhaltspflichtig wird, ändert dies nichts an einer bestehenden Schadensersatzpflicht des Schädigers.

Ein weiterer Anspruch des mittelbar Geschädigten besteht aus § 845. Umstritten ist insoweit, ob auch die Haushaltstätigkeit des Ehepartners als Dienstleistung im Sinne des § 845 anzusehen ist. Nach der heutigen Fassung der §§ 1356, 1360 stellt die Haushaltstätigkeit eines Ehepartners einen Beitrag zum Unterhalt der Familie dar, jedoch nicht eine Dienstleistung im Sinne des § 845. Ein Anspruch des überlebenden Ehepartners kann sich insoweit also nur aus § 844 Abs.2 ergeben! Bedeutung hat die Vorschrift des § 845 daher insbesondere für die sich aus § 1619 ergebende Pflicht der Kinder zur Mithilfe in Haus und Gewerbe.

Unterlassungs- und Beseitigungsansprüche

Es ist heute anerkannt, dass alle durch §§ 823 ff geschützten Rechtspositionen auch in der Weise Rechtsschutz genießen, dass dem Inhaber Beseitigungs- und Unterlassungsansprüche zustehen, wenn diese Rechtspositionen beeinträchtigt werden. Die Begründung dieses Anspruches wird überwiegend aus einer Analogie zu §§ 1004, 862, 12 gezogen.

Man unterscheidet **negatorische** und **quasinegatorische Ansprüche**.

Negatorische Ansprüche sind solche, die Beeinträchtigungen absoluter, eigentumsähnlicher sonstiger Rechte im Sinne des § 823 Abs.1 betreffen.

Quasinegatorische Ansprüche betreffen die anderen in §§ 823 ff geschützten Rechtsgüter und Rechtssphären, auch soweit sie durch Schutzgesetze im Sinne des § 823 Abs.2 erfasst sind.

Die Voraussetzungen beider Ansprüche sind die gleichen! Der Unterschied besteht also lediglich in der Qualität des betroffenen Rechtsgutes (Rechtsphäre).

Voraussetzungen des Unterlassungsanspruches

1. Betroffen ist ein von §§ 823 ff geschütztes Rechtsgut oder eine geschützte Rechtssphäre.

2. Weitere Störungen stehen bevor. Nach ganz überwiegender Ansicht ist es jedoch auch zulässig, eine sog. vorbeugende Unterlassungsklage analog § 1004 zu erheben, wenn erstmalig und ernsthaft eine Verletzung der genannten Rechtspositionen droht. Die Begründung liegt darin, dass es nicht einzusehen ist, weshalb man es erst zu Beeinträchtigungen kommen lassen muss, um diese dann beseitigen zu können.

3. Der Anspruchsgegner muss Störer sein, also Handlungs- oder Zustandsstörer. Handlungsstörer ist, wer die Beeinträchtigung der Rechtsposition durch sein Verhalten verursacht. Zustandsstörer ist, wer einen Zustand geschaffen hat, der als Gefahrenquelle die genannten Rechtspositionen beeinträchtigt.

4. Die drohende oder bestehende Störung muss rechtswidrig sein. Daran fehlt es z.B. dann, wenn der Beeinträchtigte nicht gem. § 1004 Abs.2 analog zur Duldung der Beeinträchtigung verpflichtet ist. Dies kann insbesondere im Bereich der Ehrverletzungen der Fall sein (z.B. § 193 StGB in analoger Anwendung).

Voraussetzungen des Beseitigungsanspruches

1. Beeinträchtigung einer durch §§ 823 ff geschützten Rechtsposition oder Rechtssphäre.

2. Fortdauer der Störung, d.h. eine Verletzung muss bereits eingetreten sein und fortwirken. Die Störung darf demnach also nicht abgeschlossen sein (streitig).

3. Der Anspruchsgegner ist Störer, s. dazu oben beim Unterlassungsanspruch.

4. Die Störung ist rechtswidrig, s. dazu oben beim Unterlassungsanspruch.

Verjährung

Gem. § 195 verjähren Ansprüche aus unerlaubter Handlung nach drei Jahren. Die **Verjährung beginnt** am Schluss des Jahres, in welchem der Anspruch entstanden ist, der Verletzte vom Schaden und der Person des Ersatzpflichtigen Kenntnis erlangt, § 199 Abs.1. Absolute Verjährung tritt nach 30 Jahren ab Begehung der unerlaubten Handlung ein, § 199 Abs.2.

Beachten Sie jedoch die Sonderregelung über die aus unerlaubter Handlung entstandenen Herausgabeansprüche in § 852.

Verantwortlichkeit

Nach §§ 827, 828 sind **verschuldensunfähig**:

Bewusstlose, Geistesgestörte und vorübergehend unter Ausschluss der freien Willensbestimmung Handelnde, § 827 S.1. Dies gilt allerdings nur, wenn sie ohne Verschulden in diesen Zustand gerieten, § 827 S.2.

Nach § 828 Abs.1 sind Kinder unter 7 Jahren nicht verschuldensfähig.

Kinder zwischen 7 und 10 Jahren stehen den unter 7-jährigen gleich, wenn es sich um die Verantwortlichkeit aus einem in § 828 Abs.2 genannten Unfall geht.

> ***Bsp.:*** *der 10-jährige M fährt grob fahrlässig mit seinem Fahrrad auf eine Straße. Ein Bus muss ausweichen und verunglückt. Dabei sterben 20 Businsassen. – Gem. § 828 Abs.2 kann M nicht zur Verantwortung gezogen werden, da es sich um einen Unfall mit einem Kraftfahrzeug handelt und M nicht vorsätzlich handelte.*

Nach § 828 Abs.3 sind Minderjährige ansonsten zwischen 7 und 18 Jahren dann nicht verschuldensfähig, wenn ihnen die zur Erkenntnis der Verantwortlichkeit erforderliche Einsicht fehlte.

Die Billigkeitshaftung des § 829

Voraussetzungen der Ersatzpflicht aus § 829

1. **Der Schädiger hat tatbestandlich und rechtswidrig einen Fall der §§ 823 bis 826 erfüllt.**

2. **Wegen §§ 827, 828 ist er für diesen Schaden nicht verantwortlich.**

3. **Schadensersatz von einem aufsichtspflichtigen Dritten kann nicht verlangt werden**, also kein Anspruch aus § 832.

Rechtsfolge des § 829:
der Schaden ist prinzipiell zu ersetzen. Der Umfang dieses Schadensersatzes wird jedoch nach § 829 dahingehend eingeschränkt, dass der Schaden nur insoweit ersatzfähig ist, als es die Billigkeit nach den Umständen auch erfordert. Dazu sind die gesamten Umstände des Einzelfalles zu berücksichtigen, so insbesondere die wirtschaftliche Lage der Beteiligten, die Bedürfnisse des Geschädigten, Schwere der Verletzungshandlung, Schwere der Verletzungen usw.

Wiederholungsfragen zum 6. Kapitel

1. Was ist bei der Haftung von Großbetrieben zu beachten?	Grundsätze des Organisationsverschuldens
2. Warum ist dieses dort von Bedeutung?	Weil es einen dezentralisierten Entlastungsbeweis für den Unternehmer gibt
3. Welche Gruppen von Verkehrssicherungspflichten gibt es?	Verkehrseröffnung; Sachbeherrschung; gefährlicher Beruf/Gewerbe; in Verkehr bringen gefährlicher Gegenstände
4. Wo ist die Produzentenhaftpflicht geregelt?	Im ProdHaftG
5. Weitere Anspruchsgrundlagen?	§§ 823 ff
6. Rechtslage bzgl. der allgemeinen Vorschriften?	Allg. Regeln bleiben neben dem ProdHaftG anwendbar
7. TB-Vor. für Haftung nach § 831?	Unrechtshandlung; Rechtsgutverletzung; Kausalität
8. Welche Fehlergruppen unterscheidet man bei §§ 823 ff	Konstruktions-, Fabrikations-, Anleitungs-, Beobachtungsfehler
9. Wie haften Juristische Personen im Deliktsrecht?	Nicht nach §§ 823 ff unmittelbar, sondern über § 31

10. Wer ist Organ i.S.d. § 31?	Verfassungsmäßige Vertreter und jeder, der wesentliche Aufgaben der JP wahrnimmt
11. Anwendungsbereich des § 31?	Unmittelbar: Verein; über § 22 auch AG, GmbH, Gen.; analog auf nicht rechtsfähige Vereine
12. Wichtigster Fall der Gefährdungshaftung?	§ 7 Abs.1 StVG
13. Vorauss. dieser Vorschrift?	Halter eines Kfz; bei dessen Betrieb; Schaden
14. Was ist dann weiter zu beachten?	Ob Haftungsausschluss nach § 7 Abs.2 eingreift
15. Wie kann sich die Haftung des Halters mindern?	Wenn Verletzten Mitschuld trifft, gem. § 254
16. Wie haften mehrere Schädiger ggü. Dritten?	Gem. § 840 als Gesamtschuldner
17. Wie haften mehrere Schädiger untereinander?	Grds. nach § 426, also nach Kopfteilen
18. Welche Besonderheit gilt aber für den Bereich der Unerlaubten Handlungen?	§ 840 Abs.2 und 3
19. Wie haftet danach der Verrichtungsgehilfe grds. für Ersatzleistungen des Geschäftsherrn?	Im Innenverhältnis allein, d.h. er hat alles zu erstatten
20. Wer haftet bei Beteiligung mehrerer wofür?	Gem. § 830 ist jeder für den gesamten Schaden verantwortlich
21. Wie ist der Schadensersatz grds. geregelt?	Naturalrestitution gem. § 249
22. Wo finden sich Sonderregeln?	In §§ 842 ff
23. Was ersetzt § 253 Abs.2 in systematischer Hinsicht?	Immaterielle Schäden
24. Vor. des Anspruchs auf Schmerzensgeld gem. § 253 Abs.2?	Bestehen eines Schadensersatzanspruchs; Verletzung von Körper etc.; immaterieller Schaden
25. Wer erhält grds. keinen Schadensersatz?	Mittelbar Geschädigte
26. Wo ist aber ausnahmsweise Drittschadensersatz möglich	In §§ 844, 845
27. Was gewähren die §§ 823 ff außerdem noch?	Über § 1004 analog Unterlassungs- und Beseitigungsansprüche
28. Was ist bei Unterlassungsansprüchen möglich?	Vorbeugende Unterlassungsklage
29. Wo ist Verjährung der Unerlaubten Handlung geregelt?	Grds. in §§ 195 ff, Sonderfall in § 852
30. Wann tritt Haftung nach §§ 823 ff nicht ein?	Wenn Fälle fehlender Verantwortlichkeit nach §§ 827, 828 vorliegen
31. Was gibt es dann jedoch?	Billigkeitshaftung nach § 829

ZWEITER TEIL

BEREICHERUNGSRECHT

1. Kapitel
Allgemeines zum Bereicherungsrecht

Das Bereicherungsrecht ist in den §§ 812 ff geregelt. Seine Grundlagen gehen auf römisches Recht zurück. Es dient dazu, Bereicherungen, die ohne Rechtsgrund erfolgt sind, beim Bereicherten wieder abzuschöpfen. Sinn des Bereicherungsrechtes ist es also, die eingetretene Bereicherung zu beseitigen und nicht, wie beim Schadensersatzrecht, auf der Seite des Geschädigten, eine evtl. Entreicherung auszugleichen. Daher kann es auch im Rahmen des Bereicherungsrechtes vorkommen, dass zwar auf Seiten des Entreicherten eine Vermögenseinbuße vorliegt, jedoch auf der anderen Seite keine Bereicherung eingetreten ist. In diesen Fällen entfällt ein Bereicherungsanspruch!

Obwohl das Bereicherungsrecht nur insgesamt elf Paragraphen umfasst, gilt es als **eines der schwierigsten Rechtsgebiete des BGB**. Daher wird in diesem Skript, wegen des nur eingeschränkt verfügbaren Platzes, lediglich ein Überblick über die wichtigsten Regelungen des Bereicherungsrechts gegeben und das unumgängliche Handwerkszeug zur Bewältigung "normaler" bereicherungsrechtlicher Fälle vermittelt.

Der **Grundtatbestand des Bereicherungsrechtes ist in § 812 Abs.1 S.1, 1.Fall** geregelt: die **Bereicherung durch Leistung**, auch **Leistungskondiktion** genannt. Als Grundfall aller Bereicherungstatbestände ist die Leistungskondiktion prinzipiell in allen Bereicherungsfällen zuerst zu prüfen. Nur wenn es keinerlei Anhaltspunkte dafür gibt, dass in irgendeiner Form eine Leistung gegeben sein könnte, kann man sofort auf andere Bereicherungstatbestände ausweichen. Die Leistungskondiktion wird nachfolgend im 2. Kapitel eingehend behandelt.

In **§ 812 Abs.1 S.1, 2.Fall** ist dann, quasi als Auffangtatbestand, die Bereicherung in sonstiger Weise geregelt, auch **Nichtleistungskondiktion** genannt.

§ 816 enthält einen wichtigen Sonderfall der Nichtleistungskondiktion, der die **Verfügung eines Nichtberechtigten** zum Gegenstand hat. Da insoweit auf den sachenrechtlichen Vorgang der Verfügung abgestellt wird, stellt § 816 ein (klausurwichtiges!) Bindeglied zwischen Schuld- und Sachenrecht dar.

Auch in anderer Hinsicht stehen Sachenrecht und Bereicherungsrecht in Verbindung. So verweist § 951 in Fällen gesetzlichen Eigentumsverlustes zum Ausgleich auf die Vorschriften des Bereicherungsrechts. Andererseits haben §§ 987 ff z.T. Ausschlusswirkung gegenüber den bereicherungsrechtlichen Vorschriften. Diese Fragen werden im Einzelnen in *Juristische Grundkurse, Band 6, Sachenrecht 1*, behandelt.

In **§§ 818 ff** ist schließlich der **Umfang** eines dem Grunde nach gegebenen Bereicherungsanspruchs geregelt. Dort wird insbesondere unterschieden zwischen der normalen und der sog. verschärften Haftung des Bereicherungsschuldners.

Wiederholungsfragen zum 1. Kapitel

1. Was ist Sinn des Bereicherungsrechts?	Rechtsgrundlose Bereicherungen beim Bereicherten abzuschöpfen
2. Welches ist der Grundtatbestand der §§ 812 ff ?	§ 812 Abs.1 S.1, 1.Fall, sog. Leistungskondiktion
3. Was regelt der § 818?	Den Umfang des Bereicherunsanspruchs

2. Kapitel

Die Bereicherung durch Leistung (Leistungskondiktion)

In Fällen der Leistungskondiktion geht es regelmäßig darum, eine Leistung, die aufgrund eines Vertrages erbracht wurde, rückgängig zu machen, da dieser Vertrag unwirksam oder auf andere Weise fehlgeschlagen ist. Die bereicherungsrechtliche Rückabwicklung ist in diesen Fällen notwendig, da wegen des **Abstraktionsprinzips** das schuldrechtliche Verpflichtungsgeschäft unwirksam sein kann, während das sachenrechtliche Verfügungsgeschäft dennoch wirksam ist. Damit stimmt die tatsächliche sachenrechtliche Lage nicht mit der sich aus den schuldrechtlichen Verpflichtungen ergebenden Lage überein.

Vgl. dazu JURISTISCHE GRUNDKURSE, BGB Allgemeiner Teil, Fall 16.

Die Voraussetzungen der Leistungskondiktion

1. Der Anspruchsgegner muss "etwas erlangt" haben
2. durch Leistung des Anspruchstellers
3. die Leistung erfolgte ohne Rechtsgrund

1. **"Etwas erlangt"** bezeichnet den **Bereicherungsgegenstand**. In Betracht kommt insoweit jeglicher Vermögensvorteil. Neben dem Erwerb von Eigentum und anderen dinglichen Rechten kommen auch persönliche Rechte, insbesondere Forderungen, als Bereicherungsgegenstand in Betracht. Schließlich kommen auch solche Positionen, die kein Recht darstellen, als Bereicherungsgegenstand in Frage, so insbesondere der mittelbare und unmittelbare Besitz. Entscheidend für die Beurteilung, ob etwas erlangt wurde, ist, ob sich dadurch die vermögensmäßige Situation des Anspruchsgegners entweder bei wirtschaftlicher oder bei rechtlicher Betrachtungsweise verbessert hat.

Ob ersparte Aufwendungen (dies sind solche Fälle, in denen der Anspruchsgegner für die Leistung, z.B. Arbeitsleistungen, hätte Aufwendungen tätigen müssen) ebenfalls Bereicherungsgegenstand sind (so die früher h.M.), oder ob die Bereicherung in der Erlangung der Nutzungen aus dieser Leistung liegt, ist str.

Vgl. dazu Palandt-Sprau § 812, 11; vertiefend zur Frage des Bereicherungsgegenstandes in derartigen Fällen: Dahlkamp, Streitstände Kompakt Band 4, Streitstand 53.

***Bsp.**: A gräbt bei B den Garten um. Der zugrundeliegende Dienstvertrag ist unwirksam. - B hat die Arbeitsleistung des A erlangt. Ob dies der Bereicherungsgegenstand ist, oder die Ersparnis derjenigen Aufwendungen, die A hätte tätigen müssen, um seinen Garten umgraben zu lassen, ist str.*

Der Bereicherungsgegenstand kann schließlich auch in der Verbesserung der vermögensmäßigen Situation durch Wegfall von Schulden liegen.

Bsp.: *A hat gegen B eine Forderung aus Kaufvertrag. A erlässt die Forderung. - Durch Erlass ist die Forderung erloschen, dementsprechend bei B eine Verbindlichkeit entfallen, seine vermögensmäßige Situation also besser als zuvor.*

2. Unter **Leistung** im Sinne des § 812 Abs.1 versteht man eine

bewusste zweckgerichtete Vermehrung fremden Vermögens

Nach heute herrschender Auffassung ist entscheidendes Kriterium für den Leistungsbegriff die **Zweckgerichtetheit**. Daraus ergibt sich, dass nicht schon eine bewusste Zuwendung eines Vermögensgegenstandes eine Leistung darstellt, sondern erst der mit dieser Zuwendung verfolgte bestimmte Zweck die Zuwendung zur Leistung macht.

Bsp.: *Zahlung, um eine Kaufpreisschuld zu tilgen. Zweck: Tilgung der Kaufpreisschuld. Daher liegt eine Leistung vor.*

Beachten Sie: Bei der Zweckbestimmung soll es sich nicht um eine Willenserklärung handeln, so dass Fragen der Geschäftsfähigkeit keine Rolle spielen!

Dementsprechend scheidet eine Leistung also auch stets dann aus, wenn der Zuwendende nicht bewusst das Vermögen eines anderen vermehrt.

Bsp.: *A füttert die Katze des B in der Meinung, es sei seine eigene. - Hier ist A nicht bewusst, dass er das Vermögen des B durch das Füttern der Katze vermehrt.*

Ebenso fehlt es an einer Leistung, wenn der Zahlende gegenüber dem Zahlungsempfänger keinen Leistungszweck verfolgt. Dazu noch näher unten.

Bei Beteiligung von mehr als zwei Personen ist fraglich, wer im jeweiligen Fall als Leistender und als Leistungsempfänger anzusehen ist. Nur wenn man dies eindeutig bestimmt hat, kann man auch feststellen, von wem an wen die Leistung erfolgte.

Diese Frage ist auf Grundlage des zweckorientierten Leistungsbegriffs zu klären. Entscheidend ist danach, wer gegenüber wem einen Leistungszweck verfolgt. Man hat dementsprechend herauszuarbeiten, **wer mit der Zuwendung gegenüber wem welchen Leistungszweck verfolgt**. Diese Frage erlangt insbesondere dann Bedeutung, wenn mehrere Veräußerungen nacheinander erfolgen.

Bsp.: *A veräußert eine Sache an B, dieser veräußert die Sache weiter an C. Stellt sich nun heraus, dass das Geschäft A/B unwirksam ist, kann A die Sache nicht von C nach § 812 Abs.1 S.1, 1.Fall heraus verlangen, da A mit seiner Zuwendung an B allein einen Leistungszweck (Erfüllung des zugrundeliegenden Verpflichtungsgeschäftes) gegenüber B erfüllte. Einen Leistungszweck gegenüber C hat A demgegenüber nicht verfolgt. Folglich liegt keine Leistung des A an C, sondern nur eine Leistung des A an B vor, so dass eine Leistungskondiktion A/C nicht in Betracht kommt.*

In Fällen, in denen die Zweckbestimmung Schwierigkeiten bereitet, ist nach überwiegender Auffassung (vgl. BGHZ 72, 249) entscheidend, **wer aus Sicht des Empfängers der Zuwendung** bei objektiver Betrachtung **als Leistender anzusehen ist**. Es zeigt sich also, dass die Bestimmung des Leistenden entsprechend erfolgt, wie die Bestimmung des Erklärungswertes bei Willenserklärungen. Es entscheidet also auch hier die Sicht eines objektiven Dritten aus der Position des Empfängers der Zuwendung.

Vgl. dazu JURISTISCHE GRUNDKURSE, BGB AT, 3. Kap.! Vgl. zu der Problematik, wer als Leistender anzusehen ist, auch noch die Fälle unten.

Die Sonderproblematik der Leistung unter Beteiligung Dritter, insbesondere in sog. Dreiecksfällen, wird im 5. Kap. behandelt.

3. Ein **Mangel des rechtlichen Grundes** kann in verschiedenen Formen vorliegen, so nach § 812 Abs.1, wenn

- **von Beginn an ein rechtlicher Grund nicht bestand** (S.1) oder
- **dieser später weggefallen ist** (S.2, 1. Fall) oder
- **der bezweckte Erfolg nicht eintrat** (S.2, 2. Fall)

Fälle des § 812 Abs.1 S.1

Der **Rechtsgrund fehlt**, wenn die jeweilige Verbindlichkeit, die der Leistende mit seiner Leistung erfüllen wollte, nicht bestand. Diese Voraussetzung ist daher nicht erfüllt, wenn beispielsweise ein Vertrag oder ein gesetzliches Schuldverhältnis, das einen Grund für diese Leistung darstellt, existiert.

***Bsp.**: A übereignet aufgrund eines abgeschlossenen Kaufvertrages eine Sache an B. Es stellt sich heraus, dass der Kaufvertrag nichtig war. - Der rechtliche Grund (Kaufvertrag) fehlt hier von Beginn an (Nichtigkeit!), ein Fall des § 812 Abs.1,S.1.*

Beachten Sie: Als Rechtsgrund kommen auch gesetzliche Schuldverhältnisse, so z.B. Ansprüche aus § 823 ff oder GoA in Betracht!

Fälle des § 812 Abs.1 S.2, 1. Fall

Ein Mangel des rechtlichen Grundes liegt aber auch dann vor, wenn der Rechtsgrund zwar zur Zeit der Leistung vorgelegen hat, jedoch danach (endgültig) weggefallen ist. Dies kann insbesondere bei Eintritt von auflösenden Bedingungen (§ 158 Abs.2) der Fall sein, oder aber durch einseitige Vernichtung eines abgeschlossenen Rechtsgeschäftes, etwa durch Anfechtung (z.B. nach §§ 119 ff).

Beachten Sie: Im Falle des Rücktrittes erfolgt die Abwicklung nach §§ 346 ff, die den §§ 812 ff vorgehen!

Die Abgrenzung, ob ein Fall des Satzes 1 oder ein Fall des Satzes 2 vorliegt, hängt davon ab, ob zum Zeitpunkt der Leistung ein Rechtsgrund vorhanden war. Fraglich ist dabei die **Wirkung von Rückwirkungsfiktionen**, wie nach § 142 Abs.1 bei der Anfechtung. Nach überwiegender Ansicht wird darauf abgestellt, dass bis zur Anfechtungserklärung, und damit meist auch zum Zeitpunkt der Leistung, ein Rechtsgrund vorhanden war. Daher soll es sich um einen Fall nach § 812 Abs.1 S.2, 1.Fall handeln. (Nach anderer Ansicht sind dies Fälle des § 812 Abs.1 S.1.)

Fälle des § 812 Abs.1 S.2, 2. Fall

Die Fälle des § 812 Abs.1 S.2, 2.Fall, Nicht-Eintritt des bezweckten Erfolges, sind relativ selten. Voraussetzungen dafür sind:

1. es muss ein Erfolg bezweckt sein
2. über den sich die Parteien geeinigt haben,
3. der aber nicht eingetreten ist.

Es reicht dazu aus, dass die Parteien sich **stillschweigend** über die Zugrundelegung dieses Erfolges verständigt haben. Dieser Erfolg muss **außerhalb derjenigen Verpflichtungen** liegen, die den Parteien aufgrund des SchV sowieso obliegen. Es kommt insoweit also nicht der nach einem Vertrag geschuldete Leistungserfolg in Betracht, so z.B. die Tilgung der Kaufpreisschuld, die Eigentumsverschaffung beim Käufer. Vielmehr muss neben oder ohne eine solche Verpflichtung ein besonderer Erfolg durch die Leistung verfolgt worden sein.

***Bsp.**: A zahlt an B eine Geldsumme, damit dieser ihm einen wichtigen Geschäftspartner vorstellt. - Hier wurde kein Vertrag geschlossen, sondern lediglich versucht, durch die Zahlung die Motivation des anderen Teiles zur Vornahme einer bestimmten Handlung zu erhöhen. Erfolgt die Vorstellung des A bei der anderen Person nicht, so ist der mit der Geldzahlung angestrebte Erfolg nicht eingetreten, ein Fall des § 812 Abs.1 S.2, 2.Fall.*

Beachten Sie: Bisweilen kann es schwierig sein, diese Fälle von denen der Störung der Geschäftsgrundlage zu unterscheiden. Der Unterschied liegt darin, dass in letzteren ein Vertrag existierte, dem allerdings die Geschäftsgrundlage fehlt. In den Fällen des § 812 Abs.1 S.2, 2.Fall fehlt es demgegenüber überhaupt an einer vertraglichen Vereinbarung.

Fall 9:
Der 16jährige M hat an X drei CDs verliehen. Als M diese herausverlangt, weigert sich X, dem Verlangen nachzukommen. Bereicherungsansprüche des M?

Lösungsvorschlag

M könnte gegen X einen Anspruch auf Herausgabe der CDs aus § 812 Abs.1 S.1, 1.Fall haben.

Dann müsste X zunächst etwas erlangt haben. Durch die Übergabe der CDs an X hat M diesem die tatsächliche Sachherrschaft über die CDs verschafft. Folglich hat er, ihn gemäß § 854 Abs.1 zum Besitzer gemacht. Somit hat X den Besitz erlangt.

Da es sich bei der Leihe nach § 598 um ein schuldrechtliches Geschäft handelt, das nicht auf die dingliche Rechtslage einwirkt, kommt eine Übereignung der CDs und damit ein Eigentumserwerb seitens des X schon deshalb nicht in Betracht.

Den Bereicherungsgegenstand, hier also den Besitz, müsste X durch Leistung des Anspruchsinhabers, also hier des M, erlangt haben. Leistung ist jede zweckgerichtete bewusste Vermehrung fremden Vermögens. Dem M wird bei Übergabe der CDs bewusst gewesen sein, dass er damit den Besitz auf X übertrug und folglich dessen Vermögen mehrte. Dies geschah, um den nach Meinung des M mit X geschlossenen Leihvertrag zu erfüllen. Er handelte somit auch zweckgerichtet. Eine Leistung ist daher gegeben.

Schließlich müsste diese Leistung ohne Rechtsgrund erfolgt sein. Als Rechtsgrund kommt hier ein Leihvertrag in Betracht. Dann müsste zunächst ein Leihvertrag wirksam zustande gekommen sein. Dies setzt zwei übereinstimmende Willenserklärungen voraus. Da M an X die CDs verliehen hat, kann davon ausgegangen werden, dass die für den Abschluss eines Leihvertrages notwendigen Willenserklärungen abgegeben wurden.

Da M mit 16 Jahren gem. § 106 in der Geschäftsfähigkeit beschränkt ist, ist aber fraglich, ob der Vertrag auch wirksam zustande kam. Die Willenserklärungen eines beschränkt Geschäftsfähigen sind gem. § 108 schwebend unwirksam. Sie sind ausnahmsweise nach § 107, 1.Fall wirksam, wenn der gesetzliche Vertreter eingewilligt hat. Dies lässt sich dem Sachverhalt ebensowenig entnehmen, wie eine zur Wirksamkeit führende Genehmigung nach § 108.

Da der Leihvertrag im Übrigen für M die Pflicht zur Besitzübertragung nach sich zieht, ist dieser Vertrag für ihn auch nicht lediglich rechtlich vorteilhaft, so dass eine Wirksamkeit aus § 107, 2. Fall, ebenfalls ausscheidet. Anhaltspunkte für § 110 sind gleichfalls nicht gegeben, so dass der Leihvertrag unwirksam ist. Folglich liegt kein Rechtsgrund für die Leistung des M vor.

Damit sind die Voraussetzungen für eine Leistungskondiktion erfüllt. Mithin hat M gegen X einen Anspruch auf Herausgabe der CDs aus § 812 Abs.1 S.1, 1.Fall.

§§§§§§§§§§§§§§§§§§§§§§§§§§§

Wiederholungsfragen zum 2. Kapitel

1. Voraussetzungen der Leistungskondiktion?	Etwas erlangt; durch Leistung; ohne Rechtsgrund
2. Was beschreibt das Merkmal "etwas erlangt"?	Den Bereicherungsgegenstand
3. Was kann Gegenstand der Bereicherung sein?	Jede vermögenswerte Position
4. Wie ist die Ersparnis von Aufwendungen als Bereicherungsgegenstand zu beurteilen?	Nach heute hM ist nicht die Ersparnis von Aufwendungen, sondern die Nutzung, die aus der Leistung folgt, Bereicherungsgegenstand
5. Was versteht man unter "Leistung"?	Jede zweckgerichtete, bewusste Vermehrung fremden Vermögens
6. Wer ist Leistender?	Wer einen Leistungszweck verfolgt
7. Wie, wenn die Zweckbestimmung schwierig ist?	Entscheidend, wer aus Sicht des Empfängers Leistender ist
8. Problemfälle des § 812 Abs.1?	Fälle der Rückwirkungsfiktionen
9. Wie ist die Anfechtung in dieser Hinsicht einzuordnen?	Überwiegend wird sie unter § 812 Abs.1 S.2 erfasst

3. Kapitel

Die Bereicherung in sonstiger Weise (Nichtleistungskondiktion)

Die Nichtleistungskondiktion behandelt alle Fälle der Bereicherung, die sich nicht als Fälle der Leistungskondiktion erfassen lassen.

Voraussetzungen der Nichtleistungskondiktion

1. etwas erlangt
2. Bereicherung in sonstiger Weise
3. Bereicherung auf Kosten des Anspruchsinhabers
4. ohne Rechtsgrund.

1. Der **Bereicherungsgegenstand**, "etwas erlangt", bestimmt sich in gleicher Weise wie bei der Leistungskondiktion,

Vgl. dazu oben im 2. Kapitel.

2. **In sonstiger Weise** geschieht die Bereicherung, wenn der Anspruchsgegner den Bereicherungsgegenstand nicht durch Leistung erhalten hat. Gemeint ist damit, dass der Bereicherungsgegenstand dem Anspruchsgegner in anderer Weise zugekommen sein muss als durch Leistung von irgendeiner Seite, er also überhaupt nicht geleistet wurde (weder vom Anspruchsteller noch von sonst jemand!).

Dieser Gedanke wird z.T. auch als eigenständiger erster Prüfungspunkt **"Anwendbarkeit der Nichtleistungskondiktion"** erörtert. Danach ist § 812 Abs.1 S.1 2.Fall nur dann **anwendbar**, wenn der Bereicherungsgegenstand dem Anspruchsgegner von **niemandem geleistet** wurde.

Ob Sie die Frage als gesonderten Prüfungspunkt oder unter dem Merkmal "in sonstiger Weise" erörtern, ist ohne Auswirkung auf das Ergebnis.

Hinter dieser Frage steht der sog. **Grundsatz des Vorrangs der Leistungsbeziehungen**.

Dieses Prinzip wird auch als Vorrang der Leistungskondiktion bezeichnet, was m. E. falsch ist, da es nicht darauf ankommt, ob der Anspruchsgegner tatsächlich einem Anspruch aus Leistungskondiktion ausgesetzt ist, sondern nur darauf, ob ihm der Gegenstand geleistet wurde!

Näheres zu diesem Merkmal noch im 4. Kapitel.

Die **Bereicherung in sonstiger Weise** kann sich einmal als **Eingriffskondiktion** und (in seltenen Fällen) auch als **Verwendungs- oder Rückgriffskondiktion** darstellen.

Häufigster Fall ist die sog. **Eingriffskondiktion**, bei der ein **Eingriff in die Rechte des Anspruchstellers entgegen dem Zuweisungsgehalt** geschehen sein muss. Es gilt daher also festzustellen, wem die Rechtsposition, in welche eingegriffen wurde, nach der Rechtsordnung zuzuordnen ist. Dabei können sowohl rechtliche wie auch wirtschaftliche Gesichtspunkte maßgeblich sein. Hat man festgestellt, wem die jeweilige Position von der Rechtsordnung zugewiesen wird, ist weiterhin zu prüfen, ob ein Eingriff in diese Rechtsposition vorliegt.

***Bsp.**: Dem Anspruchsteller wird das Eigentum, der Besitz oder Ähnliches an einer Sache entzogen. - Eigentum und Besitz sind dem Eigentümer einer Sache regelmäßig von der Rechtsordnung zugewiesen und mit Entzug der Sache wird in diese beiden Positionen eingegriffen.*

3. Beachtlich sind jedoch nur solche **Eingriffe, die auf Kosten des Anspruchsinhabers** erfolgt sind. Zwar ist es Sinn des Bereicherungsrechts, eine entstandene Bereicherung abzuschöpfen, aber dies soll nur derjenige dürfen, bei dem seinerseits in eine ihm zugewiesene Rechtsposition eingegriffen wurde.

4. **Ohne rechtlichen Grund** ist die Bereicherung erlangt, wenn der Bereicherungsgegenstand nach der Rechtsordnung einem anderen zuzuweisen ist.

***Bsp.**: A stiehlt dem B ein Fahrrad. Anspruch auf Herausgabe des Fahrrades seitens des B aus § 812 Abs.1 S.1, 2.Fall besteht, da A etwas erlangt hat (Besitz am Fahrrad), und zwar durch Eingriff in eine dem B als Eigentümer zugewiesene Rechtsposition, also in sonstiger Weise. Dies geschah auch auf Kosten des A, also zu Lasten der A zugewiesenen Rechtsposition Eigentum und ohne ersichtlichen Rechtsgrund.*

Ob eine Position jemandem zugewiesen ist, ergibt sich häufig aus gesetzlichen Vorschriften. So stellt § 951 klar, dass man zwar durch Einbau, Vermischung etc. Eigentum an Sachen erlangen kann, aber dennoch wegen der Verweisung auf das Bereicherungsrecht einem Bereicherungsanspruch ausgesetzt bleibt. Es heißt, dass die Rechtsposition Eigentum in diesem Fall dem früheren Inhaber zugewiesen ist, und daher die §§ 946 ff gerade keinen Rechtsgrund für den danach geschehenen Eigentumserwerb darstellen. Näheres dazu im Sachenrecht.

Eine Bereicherung in sonstiger Weise kann auch in Fällen der sog. **Verwendungskondiktion** vorliegen. Diese ist gegeben, wenn jemand Aufwendungen zugunsten eines anderen tätigt, z.B. durch Verwendung von Sachen oder Einsatz von Arbeitskraft. Sofern in diesen Fällen keinerlei vertragliche Grundlage existiert, liegt eine Bereicherung in sonstiger Weise ohne Rechtsgrund vor.

***Bsp.**: Bauer B hat ein Feld gepflügt, das seinem Nachbarn N gehört. B meinte, das Feld sei sein eigenes.*

Einen **besonderen Fall der Verwendungskondiktion** enthält § 951 über den **Eigentumsverlust nach §§ 946 ff**. Diese Vorschrift wird wegen ihres Zusammenhanges im Sachenrecht behandelt, siehe Band 6, Sachenrecht 1.

Die sehr seltene **Rückgriffskondiktion** bezeichnet Fälle, in denen jemand einen Schuldner von der Verbindlichkeit gegenüber einem Gläubiger befreit, also Fälle der **Tilgung fremder Schulden**.

Beachten Sie: In diesen Fällen kommt Bereicherungsrecht nur sehr selten zur Anwendung. Sofern sich aus Auftrag oder GoA ein Ersatzanspruch ergibt, ist ein Rechtsgrund vorhanden, so dass Bereicherungsrecht ausgeschlossen ist.

Nur wenn die Voraussetzungen einer berechtigten GoA nach § 683 nicht gegeben sind, also ein Fall unberechtigter GoA vorliegt, besteht nach §§ 684, 818 ff ein Bereicherungsanspruch. Dies sind die als Rückgriffskondiktion bezeichneten Fälle. Streng genommen handelt es sich dabei nicht um einen Fall des § 812 Abs.1 S.1, 2.Fall, da nach überwiegender Ansicht § 684 insoweit keine Rechtsgrund-, sondern nur eine Rechtsfolgenverweisung enthält, also nur die Rechtsfolge des § 812 Anwendung finden soll.

Fall 10:

A lässt einen Blechschaden an seinem Auto beheben, das er kurz zuvor von B in diesem Zustand erworben hat. Es stellt sich alsbald heraus, dass B unerkannt geisteskrank beim Vertragsschluss war. Anspruch des A auf Ersatz der Reparaturkosten gegen B?

Lösungsvorschlag

A könnte gegen B einen Anspruch auf Ersatz der Reparaturkosten aus § 812 Abs.1 S.1, 1.Fall haben.

Dann müsste B zunächst etwas erlangt haben.

Als Bereicherungsgegenstand kommt jeder vermögenswerte Vorteil in Betracht. Da hier B die Reparaturleistung an dem Wagen erhielt, könnte er in Form der Reparaturleistung bereichert sein. Dies wäre jedoch nur der Fall, wenn B noch Eigentümer des Wagens war.

Angesichts der Geisteskrankheit bei B war dieser gem. § 104 geschäftsunfähig, so dass nach § 105 Abs.1 sowohl das Verpflichtungs- wie das Verfügungsgeschäft zwischen A und B unwirksam ist. Folglich wurde der Wagen nicht wirksam an A übereignet und stand nach wie vor im Eigentum des B.

Diese Bereicherung müsste B durch Leistung des A erhalten haben. Zwar tritt bei B durch die Reparatur und damit durch die Werterhöhung an seinem Fahrzeug eine Vermehrung des Vermögens ein, doch hat A diese Vermögensmehrung bei B weder bewusst herbeigeführt, noch hat er irgendeinen Zweck gegenüber B verfolgt. Daher liegt keine Leistung des A an B vor. Ein Anspruch aus § 812 Abs.1 S.1, 1.Fall scheidet mithin aus.

A könnte gegen B aber einen Anspruch auf Ersatz der Reparaturkosten aus § 812 Abs.1 S.1, 2.Fall haben.

Durch die Reparaturleistung hat B etwas erlangt, siehe oben.

Fraglich ist jedoch, ob B in sonstiger Weise bereichert ist. Das bedeutet, dass der fragliche Gegenstand an den Anspruchsgegner, hier B, nicht geleistet wurde. Da B seine Bereicherung durch das Verhalten des A erfahren hat, A jedoch nicht an B geleistet hat, fehlt es an einer Leistung gegenüber B, siehe oben.

In Betracht kommt hier daher zunächst die Bereicherung durch Eingriff in eine dem A zugewiesene Rechtsposition. Da A hier jedoch das Vermögen des B durch sein Verhalten vermehrte und er dadurch den Vermögensnachteil erlitt, nicht jedoch infolge eines Eingriffs in seine Vermögenssphäre, liegt kein derartiger Eingriff vor.

In Betracht kommt jedoch ein Sonderfall der Nichtleistungskondiktion, die Verwendungskondiktion. Diese ist gegeben, wenn jemand Aufwendungen in Form von Sachen oder Einsatz von Arbeitskraft für eine fremde Vermögenssphäre tätigt. Indem A das Auto reparieren ließ, könnte er derartige Aufwendungen getätigt haben. Dies wäre aber nur dann der Fall, wenn die Aufwendungen auf eine fremde Sache erfolgten. Da der Wagen, wie oben festgestellt, nach wie vor im Eigentum des B stand, war er mithin für A ein fremdes Fahrzeug. Also tätigte A Aufwendungen, hier in Form von Werkstattkosten, auf eine fremde Sache, so dass ein Fall der Verwendungskondiktion gegeben ist. Diese Aufwendungen stammen aus dem Vermögen des A, geschahen also auf seine Kosten.

Schließlich müsste diese Bereicherung ohne Rechtsgrund erfolgt sein. In Betracht käme insoweit allenfalls eine Geschäftsführung ohne Auftrag. Da GoA unter anderem jedoch einen Fremdgeschäftsführungswillen voraussetzt, hier A jedoch seinerseits meinte, diese Aufwendungen auf sein eigenes Auto zu tätigen, ihm ein solcher Wille also fehlte, kommt eine Geschäftsführung ohne Auftrag hier nicht in Betracht. Da andere Rechtsgründe für die Bereicherung auf Seiten des B nicht ersichtlich sind, liegen die Voraussetzungen der Nichtleistungskondiktion vor.

Somit hat A gegen B einen Anspruch auf Ersatz seiner Reparaturkosten aus § 812 Abs.1 S.1, 2.Fall.

§§§§§§§§§§§§§§§§§§§§§§§§§§§§§§§§

4. Kapitel
Der Grundsatz des Vorrangs der Leistungsbeziehungen

Der Grundsatz des Vorrangs der Leistungsbeziehungen ist Ausdruck der subsidiären Geltung des § 812 Abs.1 S.1, 2.Fall. Er besagt, dass die Nichtleistungskondiktion nur dann anwendbar ist, wenn der Bereicherungsgegenstand dem Bereicherungsschuldner von niemandem, also insbesondere auch nicht von dritter Seite geleistet wurde. Bedeutung erlangt der Grundsatz vor allem bei Beteiligung mehrerer Personen bezüglich desselben Gegenstandes. Dazu der nachfolgende (einfache!) Fall.

Fall 11:

E leiht L seine Digitalkamera. L veräußert diese an X. Wenig später sieht E den X mit der Kamera und verlangt die Herausgabe derselben von ihm. Zu Recht?

Lösungsvorschlag

Aus Platzgründen wird nachfolgend nur die bereicherungsrechtliche Seite des Falles erörtert. Die an sich zu prüfenden Ansprüche aus § 604 und aus § 985 bleiben daher unerörtert.

E könnte einen Anspruch auf Herausgabe der Kamera gegen X aus § 812 Abs.1 S.1, 1. Fall haben.

Dann müsste X zunächst etwas erlangt haben. Er könnte das Eigentum an der Kamera erlangt haben. Die dazu nach § 929 S.1 erforderliche Einigung sowie die notwendige Übergabe können mangels anderer Hinweise als gegeben unterstellt werden. Da L durch die Leihe aber kein Eigentum erwarb, fehlte ihm für eine Übereignung nach § 929 an X die erforderliche Eigentümerstellung. X erwarb jedoch gemäß §§ 929, 932 gutgläubig das Eigentum. Somit hat X das Eigentum an der Kamera erlangt.

Wäre in der Klausur genauer und ausführlicher darzustellen. Näheres zur Übereignung und zum gutgläubigen Erwerb im => Sachenrecht.

Da ihm die Sache auch übergeben wurde, erhielt er die tatsächliche Sachherrschaft über die Sache, also Besitz daran. Da der Besitz eine vermögenswerte Position darstellt, ist der Besitz auch tauglicher Bereicherungsgegenstand. Folglich erlangte X Eigentum und Besitz an der Kamera.

Weiter müsste eine Leistung des E an X vorliegen. Da der Bereicherungsgegenstand dem X nicht von E, sondern von L zugewendet wurde, erscheint dies hier zweifelhaft. Zur Bestimmung, zwischen welchen Personen Leistungen erfolgt sind, ist zunächst auf den Leistungszweck abzustellen. Da L hier die Kamera auf X übertrug, um seine aus dem Kaufvertrag mit X folgenden Pflichten zu erfüllen, verfolgte L gegenüber X einen Leistungszweck. Damit liegt eine Leistung des L an X vor, nicht etwa von E an X. Folglich hat X den Bereicherungsgegenstand nicht durch eine Leistung des E erlangt, so dass ein Anspruch des E gegen X auf Herausgabe der Kamera aus § 812 Abs. 1 S.1, 1.Fall ausscheidet.

E könnte jedoch einen Anspruch auf Herausgabe der Kamera aus § 812 Abs.1 S.1, 2.Fall haben.

Dann müsste die Bereicherung in sonstiger Weise erfolgt sein. Dies bedeutet, dass X den Leistungsgegenstand, die Kamera, in anderer Weise als durch Leistung erhalten hat. Da, wie oben festgestellt, eine Leistung des L an X gegeben ist, und diese Leistung den gleichen Bereicherungsgegenstand betrifft wie die Nichtleistungskondiktion, ist nach dem Prinzip des Vorrangs der Leistungsbeziehungen eine Nichtleistungskondiktion des E gegenüber X ausgeschlossen.

In entsprechender Weise kann man diese Frage auch unter dem Gesichtspunkt "Anwendbarkeit der Nichtleistungskondiktion" abhandeln.

Also hat E keinen Anspruch auf Herausgabe der Kamera aus § 812 Abs.1 Satz 1, 2.Fall gegen X.

Hinweis: *Der auch noch anzuprüfende § 816 wird erst an späterer Stelle besprochen.*

§§§§§§§§§§§§§§§§§§§§§§§§§§

Wiederholungsfragen zum 3. und 4. Kapitel

1. Wann greift die Nichtleistungskondiktion nur ein?	Wenn der Bereicherungsgegenstand dem Bereicherten von niemandem geleistet wurde
2. Voraussetzungen der Nichtleistungskondiktion (NLK)?	Anwendbarkeit; etwas erlangt; in sonstiger Weise; auf dessen Kosten; ohne Rechtsgrund
3. Welche Fälle der NLK unterscheidet man?	Eingriffs-, Verwendungs- und Rückgriffskondiktion
4. Was ist speziell für die Eingriffskondiktion notwendig?	Eingriff in eine Rechtsposition, die die Rechtsordnung dem Bereicherungsgläubiger zugewiesen hat
5. Was ist Sinn des Merkmals "auf dessen Kosten"?	Nur wer entreichert ist, soll eine Bereicherung abschöpfen dürfen
6. Wann fehlt der Rechtsgrund?	Wenn der Bereicherungsgegenstand einem anderen zugewiesen ist
7. Bedeutung des § 951 für das Bereicherungsrecht?	Stellt klar, dass §§ 946 ff keine Rechtsgründe enthalten
8. Was ist die Verwendungskondiktion?	Jemand tätigt Aufwendungen zugunsten eines anderen, ohne dazu verpflichtet zu sein
9. Was die Rückgriffskondiktion?	Fälle der Tilgung fremder Schulden
10. Was ist dabei zu beachten?	Wenn ein Auftrag oder eine berechtigte GoA vorliegt, besteht ein Rechtsgrund
11. Was besagt der Grundsatz des Vorrangs der Leistungsbeziehungen?	Die NLK ist nur anwendbar, wenn der Gegenstand dem Bereicherungsschuldner von niemandem geleistet wurde
12. Wo ist dieser Grundsatz zu prüfen?	Als erster Punkt im Rahmen der NLK oder unter dem Tbm „in sonstiger Weise“

5. Kapitel
Dreiecksbeziehungen

In den Fällen, in denen drei Personen an den Leistungsvorgängen beteiligt sind, können sich verschiedenartige Probleme ergeben. Diese hängen maßgeblich davon ab, welche Fallgestaltung im Einzelfall tatsächlich vorliegt. Da es für eine Frage nach Bereicherungsansprüchen vor allem darauf ankommt, wer Bereicherungsgläubiger und wer Bereicherungsschuldner ist, muss zunächst festgestellt werden, wer diese Positionen einnimmt.

Der **Bereicherungsgläubiger** ist der Leistende und der **Bereicherungsschuldner** der Leistungsempfänger. Im Normalfall wird daher auch der Zuwendende der Leistende sein und damit Bereicherungsgläubiger. Dies muss indes nicht immer zutreffen. Derartige Fälle sind dann problematisch.

Wie bereits oben festgestellt, ist entscheidend, wen man als Leistenden in solchen Fällen anzusehen hat.

Bedient sich jemand einer Hilfsperson, insbesondere eines **Vertreters**, so verfolgt **allein der Vertretene**, nicht aber der Vertreter, einen Leistungszweck. Daher ist auch der **Vertretene als Leistender** anzusehen.

> ***Bsp.***: *A bittet den B, die Kaufsache zu C zu transportieren, die maßgeblichen Übereignungserklärungen dort für ihn abzugeben und die Sache zu übergeben. - Die Zuwendung der Sache von B an C stellt sich als Leistung des A an C dar, da A gegenüber C einen Leistungszweck verfolgt, nicht jedoch B gegenüber C.*

Daneben gibt es die **"klassischen Dreiecksfälle"**, bei denen man üblicherweise **drei Fallgestaltungen** unterscheidet:

1. die sog. Anweisungsfälle
2. die Zahlung fremder Schulden und
3. die Fälle eines echten Vertrages zugunsten Dritter.

Die Anweisungsfälle

Als Anweisungsfälle bezeichnet man jene Fallkonstellationen, bei denen mehrere Verträge, die denselben Gegenstand betreffen, hintereinander geschaltet werden.

> ***Bsp.**: A verkauft eine Sache an B und B verkauft die gleiche Sache weiter an C. Um eine unnötige doppelte Zuwendung zu vermeiden, wendet A den geschuldeten Gegenstand auf Anweisung des B unmittelbar dem C zu. - In diesen Fällen verfolgt A gegenüber B einen Leistungszweck, nämlich die Erfüllung seines Kaufvertrages, und B seinerseits gegenüber C, nämlich die Erfüllung dieses Kaufvertrags. A seinerseits verfolgt gegenüber C selbst keinen Leistungszweck, so dass eine Leistung in diesem Verhältnis gerade ausscheidet.*

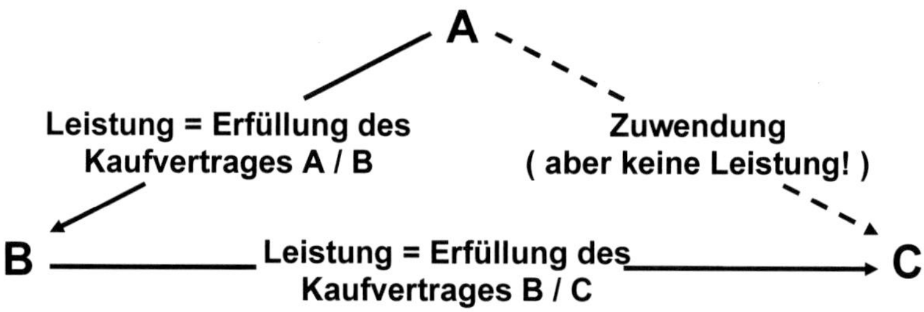

Sofern in diesen Fällen der A den Leistungsgegenstand unmittelbar an C übereignet, handelt es sich um die eigentlichen Anweisungsfälle. Ob eine solche direkte Übereignung geschieht, hängt von der Anweisung und der jeweiligen Fallsituation ab.

Es kann auch durchaus geschehen, dass A zwar den Gegenstand dem C zuwendet, jedoch damit seinerseits nur an B übereignet, dieser also Eigentum erwirbt (sog. Eigentumserwerb mit C als Geheiß-Person des B). B seinerseits übereignet dann selbständig an C, allerdings ebenfalls durch die Zuwendung seitens des A (sog. Erwerb durch A als Geheiß-Person des Veräußerers B). Näheres zu der Konstruktion einer Übereignung mittels Geheißpersonen im Sachenrecht.

Für die **Frage der Leistungsbeziehungen** ist die Unterscheidung, welcher der beiden vorgenannten Fälle tatsächlich vorliegt, **unerheblich!** Wichtig ist die Unterscheidung nur zur Feststellung der jeweiligen Eigentumsverhältnisse, die sich wiederum ihrerseits auf den Bereicherungsgegenstand, also auf das, was letztendlich C erlangt hat, auswirken können. Nachfolgend wird bei der Besprechung von Anweisungsfällen stets von dem klassischen Anweisungsfall mit direkter Übereignung von A an C ausgegangen.

Klassischer Anweisungsfall

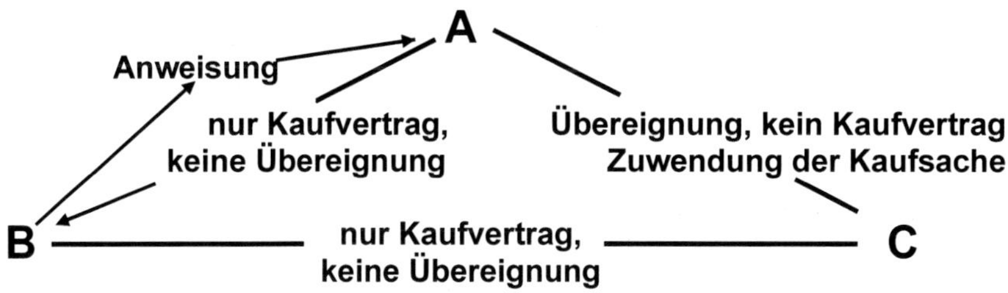

Ein wichtiges praktisches **Beispiel für Anweisungsfälle sind Banküberweisungen**. Hier erteilt der Kunde durch seinen Überweisungsauftrag der Bank die Anweisung, an einen Dritten eine Geldzahlung zu besorgen. Die Bank verfolgt dabei in erster Linie den Zweck, den Bankvertrag mit ihrem Kunden zu erfüllen, also eine Leistung ihm gegenüber zu erbringen. Andererseits stellt die Gutschrift auf dem Konto des Empfängers eine Leistung des Anweisenden, also des Bankkunden dar, da dieser durch die Zahlung den Zweck verfolgt, eine bestehende Verbindlichkeit zu tilgen. Im Verhältnis zwischen Zuwendendem, der Bank, und dem Zuwendungsempfänger, dem Dritten, erfolgt zwar die Zahlung, nicht jedoch eine Leistung!

Probleme bei Dreiecksfällen entstehen dann, wenn entweder eines der beiden Verhältnisse, also A/B oder B/C, oder sogar beide Verhältnisse nichtig sind.

Bei der bereicherungsrechtlichen Rückabwicklung derartiger Fälle ist stets von dem Grundsatz auszugehen, dass die Abwicklung nach Bereicherungsrecht immer im jeweiligen Leistungsverhältnis zu erfolgen hat.

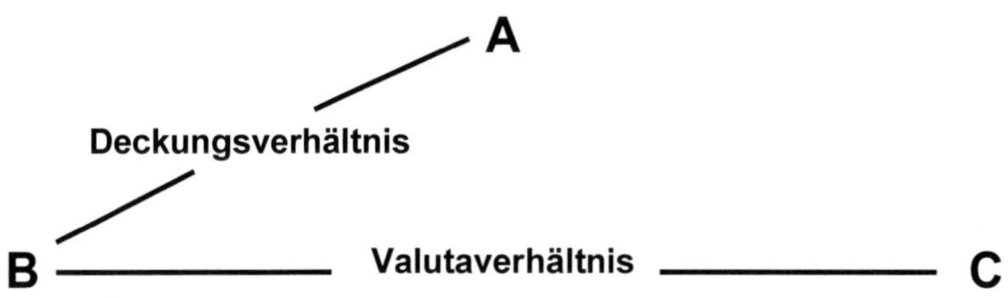

> ***Bsp.**: Ist der Vertrag zwischen A und B nichtig, liegt der Mangel also im sogenannten Deckungsverhältnis (siehe Skizze), können Bereicherungsansprüche nur zwischen A und B, nicht aber zwischen A und C entstehen. Entsprechendes gilt, wenn ein Vertrag zwischen B und C (sog. Valutaverhältnis) nichtig ist. Auch hier kann eine bereicherungsrechtliche Rückabwicklung nur zwischen B und C, nicht aber zwischen A und C erfolgen.*

Fall 12:

K aus Kiel hat von V aus München eine Maschine gekauft und diese kurz darauf an D in Hannover weiterveräußert. Um die Transportaufwendungen zu verringern, bittet K den V, die Maschine unmittelbar an D auszuliefern. V liefert daher die Maschine zu D und übereignet sie diesem unmittelbar. Als K seinerseits den Kaufpreis nicht an V entrichtet, verlangt V die Maschine von D zurück. Zu Recht?

Lösungsvorschlag

V könnte einen Anspruch auf Herausgabe der Maschine gegen D aus § 985 haben.

Dann müsste zunächst V Eigentümer der Maschine sein. Ursprünglich war, mangels anderer Angaben im Sachverhalt, offenbar V als Veräußerer der Maschine auch deren Eigentümer. Nach dem Sachverhalt hat V die Maschine auch unmittelbar an D übereignet, so dass angenommen werden kann, dass die für eine Übereignung nach § 929 notwendigen Willenserklärungen abgegeben wurden. Außerdem ist die erforderliche Übergabe erfolgt, so dass D Eigentümer der Maschine wurde, folglich V sein Eigentum verloren hat. Damit ist V nicht mehr Eigentümer, so dass ein Anspruch aus § 985 auf Herausgabe der Maschine gegenüber D ausscheidet.

V könnte gegen D einen Anspruch auf Herausgabe der Maschine aus § 812 Abs.1 S.1, 1.Fall haben.

Dann müsste D zunächst etwas erlangt haben. Der Bereicherungsgegenstand kann in jeder vermögenswerten Position bestehen. Wie oben festgestellt, hat D durch die Zuwendung des V Eigentum und Besitz an der Maschine erhalten, also im Sinne des § 812 Abs.1 S.1. etwas erlangt

Den Bereicherungsgegenstand müsste D durch Leistung des V erhalten haben. Die Zuwendung von Eigentum und Besitz an der Maschine erfolgte hier durch V, indem dieser die Maschine an D übereignete. Bei der Frage, ob darin eine Leistung des V an D zu sehen ist, ist maßgeblich auf die von den beteiligten Personen verfolgten Leistungszwecke abzustellen. Dabei ist zu beachten, dass K den V angewiesen hatte, die Maschine direkt an D auszuliefern. Diese Auslieferung der Maschine an D sollte damit offenbar für K den Zweck verfolgen, die Erfüllung des zwischen ihm und D geschlossenen Kaufvertrages zu bewirken. Somit verfolgte K durch diese Zuwendung des V an D einen eigenen Leistungszweck gegenüber D.

V seinerseits wollte durch die Auslieferung der Maschine an D den Kaufvertrag, den er mit K geschlossen hatte, erfüllen. Folglich verfolgte V nicht etwa dem D, sondern dem K gegenüber einen Leistungszweck. Damit liegen also Leistungen des V an K und des K an D vor.

Zu prüfen ist jedoch, ob sich an dieser Beurteilung etwas ändert, wenn man die Zuwendung aus Sicht des Empfängers der Zuwendung beurteilt. Aus Sicht des D stellt sich die Zuwendung des V als Erfüllung des Kaufvertrages, den er selbst mit K abgeschlossen hatte, dar. Also lag in dieser Zuwendung auch aus Sicht des D eine Leistung des K.

Damit liegen Leistungen des V an K und des K an D vor, nicht aber eine Leistung des V an D. Damit fehlt es an der für die Leistungskondiktion notwendigen Leistungsbeziehung zwischen V und D.

V hat somit keinen Anspruch aus § 812 Abs.1 S.1, 1.Fall auf Herausgabe der Maschine gegen D.

V könnte einen Anspruch auf Herausgabe der Maschine gegen D aus § 812 Abs.1 S.1, 2.Fall haben.

D hat Eigentum und Besitz an der Maschine erlangt (s.o.). Dies müsste in sonstiger Weise geschehen sein. Dazu müsste der Bereicherungsgegenstand dem Anspruchsgegner, hier also D, durch Leistung zugegangen sein.

Die Zuwendung des V an D stellt sich, wie oben festgestellt, als Leistung des K an D dar. Folglich ist der Bereicherungsgegenstand dem D geleistet worden, so dass D ihn nicht in sonstiger Weise erlangt hat. Die Nichtleistungskondiktion greift somit nicht ein.

Also hat V keinen Anspruch auf Herausgabe gegen D aus § 812 Abs.1 S.1, 2.Fall.

Bei der vorliegenden Aufgabenstellung braucht also nicht auch noch auf die Frage eingegangen zu werden, welche Ansprüche V ggf. gegenüber K hat. Ein Anspruch aus ungerechtfertigter Bereicherung scheidet in diesem Verhältnis aber ebenfalls aus, da der Kaufvertrag zwischen K und V wirksam zustande gekommen und nicht erloschen ist. Damit liegt ein Rechtsgrund für die Leistung V/K vor und § 812 scheidet schon deshalb aus.

§§§§§§§§§§§§§§§§§§§§§§§§§§§

Fall 13:

Wie in Fall 4, aber K war bei Abschluss des Kaufvertrages mit D schwerwiegend bewusstseinsgestört. Hat K Anspruch auf Herausgabe der Maschine gegen D?

Lösungsvorschlag

K könnte gegen D einen Anspruch auf Herausgabe der Maschine aus § 985 haben.

Dann müsste K zunächst Eigentümer der Maschine sein. Da ursprünglich V Eigentümer der Maschine war (s.o. Fall 4) und er diese Maschine unmittelbar an D übereignete (s.o. Fall 4), hat K niemals Eigentum erlangt.

Folglich scheidet ein Anspruch aus § 985 auf Herausgabe der Maschine des K gegen D aus.

K könnte jedoch gegen D einen Anspruch auf Herausgabe der Maschine aus § 812 Abs.1 S.1, 1.Fall haben.

Dann müsste D zunächst etwas erlangt haben. D hat Eigentum und Besitz an der Maschine erlangt, s.o. Fall 4.

Diesen Bereicherungsgegenstand müsste D durch eine Leistung des K erlangt haben. Wie oben in Fall 4 dargestellt, stellt sich die Zuwendung des V an D als eine Leistung des K an D dar. Folglich ist auch diese Voraussetzung erfüllt.

Schließlich müsste diese Leistung ohne Rechtsgrund erfolgt sein. Rechtsgrund für die Leistung könnte ein wirksamer Kaufvertrag zwischen K und D sein. Mangels gegenteiliger Angaben kann davon ausgegangen werden, dass die für den Abschluss eines Kaufvertrages notwendigen Willenserklärungen zwischen K und D abgegeben wurden. Da K jedoch bei Abschluss des Kaufvertrages unter einer schwerwiegenden Bewusstseinsstörung litt, ist seine Willenserklärung nach § 105 Abs.2 nichtig. Damit ist ein Kaufvertrag nicht wirksam zustande gekommen, die Leistung also rechtsgrundlos erfolgt.

Folglich hat K gegen D einen Anspruch auf Herausgabe des Erlangten, also hier auf Rückübertragung des Eigentums und des Besitzes.

Diese Rückgabe hat dabei natürlich an den Leistenden, also K, zu erfolgen und nicht etwa an den Zuwendenden, hier V, zu geschehen. Der Grund liegt darin, dass das Bereicherungsrecht die Rückabwicklung gerade innerhalb der jeweiligen Leistungsbeziehungen vorsieht. Allerdings kann im vorliegenden Fall K die Rückübertragung der Sache nur Zug um Zug gegen Rückzahlung des Kaufpreises verlangen, da es sich bei dem Kaufvertrag um einen gegenseitigen Vertrag handelt, für den § 320 gilt.

§§§§§§§§§§§§§§§§§§§§

In den Fällen, in denen das Verhältnis zwischen dem Anweisenden und dem Angewiesenen nichtig ist, stellt sich für Ansprüche des Anweisungsempfängers gegen den Anweisenden das Problem, was der Anweisende erlangt hat. Da in echten Anweisungsfällen die Übereignung unmittelbar im Zuwendungsverhältnis geschieht, erlangt damit eigentlich der Anweisende weder Eigentum noch Besitz an dem Leistungsgegenstand, hätte also nichts erlangt.

Die Lösung dieser Fälle ist zweifelhaft. Während teilweise behauptet wird, der Anweisende erlange hier Befreiung von einer Verbindlichkeit gegenüber dem Zuwendungsempfänger, will die überwiegende Ansicht den Leistungsgegenstand "in der Sache selbst" sehen. Dazu der folgende Fall.

Fall 14:
Wie Fall 4, aber K war bei Abschluss des Kaufvertrages mit V bewusstseinsgestört. Ansprüche des V gegen K auf Herausgabe der Maschine?

Lösungsvorschlag

Ein Anspruch des V gegen K auf Herausgabe der Maschine aus § 985 scheitert schon daran, dass K nicht die tatsächliche Sachherrschaft über die Maschine ausübt, folglich nicht deren Besitzer ist. *(Wäre in der Klausur gutachtlich zu prüfen!)*

V könnte jedoch gegen K einen Anspruch auf Herausgabe der Maschine aus § 812 Abs.1 S.1, 1.Fall haben.

Dann müsste K zunächst etwas erlangt haben. Wie oben, vgl. Fall 4 und 5, festgestellt, hat K weder Eigentum noch Besitz erlangt. Die Frage, was in derartigen Fällen Bereicherungsgegenstand ist, wird unterschiedlich beurteilt. Nach einer Ansicht hätte der K die Befreiung von einer Verbindlichkeit erhalten, da er durch die Zuwendung des V an D von seinen Leistungspflichten befreit worden sei, die ihm, K, gegenüber D aus dem mit D geschlossenen Kaufvertrag oblagen. Die Gegenansicht meint, in solchen Fällen sei "die Sache selbst" erlangt.

Da die Ansichten zu einem unterschiedlich ausgestalteten Bereicherungsgegenstand führen, ist der Streit zu entscheiden.

Für die erste Ansicht spricht, dass sie sich streng an der tatsächlichen sachenrechtlichen Lage orientiert. Dagegen stehen jedoch wichtige Argumente der Gegenansicht. Es könne nach dieser Auffassung zu unbilligen Ergebnissen kommen, wenn die Verbindlichkeit zwischen K und D nicht bestehe, denn dann hätte nach der Minderansicht K überhaupt nichts erlangt, obwohl, wie oben festgestellt, Leistungen von V an K und K an D vorlägen.

Daher ist der letzteren Ansicht zu folgen, und davon auszugehen, dass Bereicherungsgegenstand hier die Maschine selbst ist.

Die Maschine hat K auch durch Leistung des V erlangt, s.o. Fall 4.

Schließlich müsste diese Leistung ohne Rechtsgrund erfolgt sein. Als Rechtsgrund kommt der Kaufvertrag zwischen V und K in Betracht. Da K jedoch bei Abschluss dieses Kaufvertrages laut Sachverhalt schwerwiegend bewusstseinsgestört war, ist der Vertrag nach § 105 Abs.2 nichtig. Folglich fehlt es an einem Rechtsgrund, so dass die Voraussetzungen des § 812 Abs.1 S.1, 1.Fall vorliegen. Damit schuldet K die Herausgabe des Bereicherungsgegenstandes.

Da sich die Maschine aber nicht bei D befindet, kann K die Maschine selbst nicht herausgeben. Damit hat K gem. § 818 Abs.2 Wertersatz zu leisten.

Folglich hat V gegen K zwar keinen Anspruch auf Herausgabe, jedoch einen Anspruch auf Wertersatz nach § 812 Abs.1 S.1, 1.Fall i.V.m. § 818 Abs.2.

Problematisch kann in diesen Fällen die Bestimmung des Wertersatzes sein. Zur Frage, welcher Wert insoweit maßgebend ist, siehe noch näher unten.

§§§§§§§§§§§§§§§§§§§§§§§§§§§§

Fälle der Zahlung fremder Schulden

Bei diesen Fällen ist zu unterscheiden, ob

- die Schuld tatsächlich besteht, der Leistende selbst jedoch nicht verpflichtet ist, er sich also nur irrtümlich für verpflichtet hält, oder
- die fremde Schuld überhaupt nicht besteht.

Im ersten Fall geht es darum, dass eine Person eine Leistung erbringt, weil sie glaubt, sie schulde dem Gläubiger diese Leistung. Tatsächlich wird die Leistung jedoch von einem anderen Schuldner geschuldet.

Bsp.: *S schuldet G EUR 10.000,-. N übernimmt die Schuld des S, der Übernahmevertrag ist jedoch nichtig, wovon N aber nichts weiß. N wird von G in Anspruch genommen und zahlt. Da wegen des nichtigen Übernahmevertrages nach wie vor S Schuldner der Forderung war, nicht aber N, zahlte N auf die Schuld des S, aber nicht auf in seiner Person bestehende Schulden.*

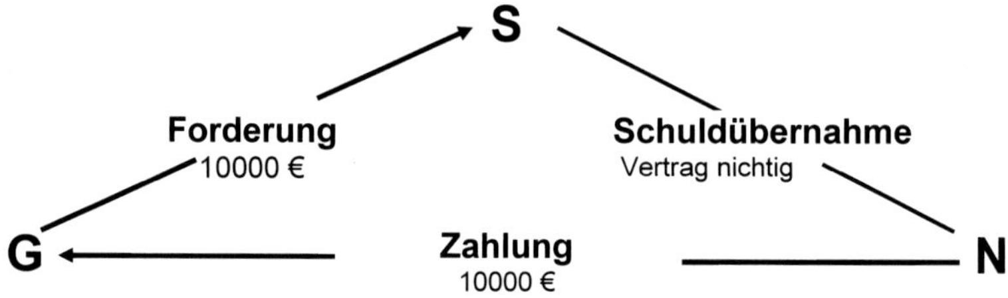

In diesen Fällen besteht zwischen zahlendem Dritten (N) und Gläubiger (G) ein Leistungsverhältnis, da der Dritte (N) immer eine eigene Verpflichtung dem Gläubiger gegenüber erfüllen möchte. Deshalb findet sich in diesem Verhältnis ein Anspruch aus Leistungskondiktion.

In den anderen Fällen geht es darum, dass jemand eine Schuld begleicht, die zuvor bereits von anderer Seite erfüllt wurde.

Bsp.: *A bezahlt die Kaufpreisschuld des B bei C. B hatte zuvor bereits selbst den Kaufpreis entrichtet.*

Fraglich ist in diesen Fällen, wem ein Bereicherungsanspruch zusteht. Dies hängt maßgeblich von den Umständen des Einzelfalles ab, nämlich
- wem gegenüber der Zahlende (A) einen Leistungszweck verfolgt
- ob dem Zahlungsempfänger (C) gegebenenfalls erkennbar war, dass ihm gegenüber die Leistung bezweckt war.

Bsp.: *Wenn A in erster Linie dafür sorgen wollte, dass C seinen Kaufpreis erhält, verfolgte er gegenüber C einen Leistungszweck. War dem C dies erkennbar, so besteht ein Bereicherungsanspruch des A gegen C, da A an C leistete.*

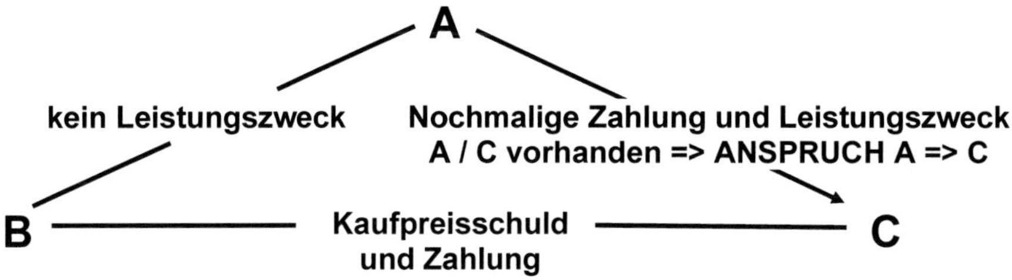

Wenn jedoch A vornehmlich dem B ein Geschenk machen wollte, verfolgte er einen Leistungszweck dem B, nicht aber C gegenüber. Dementsprechend käme in diesem Fall, dem eine Leistung A/B zugrunde liegt, auch nur ein Bereicherungsanspruch gegen B in Betracht.

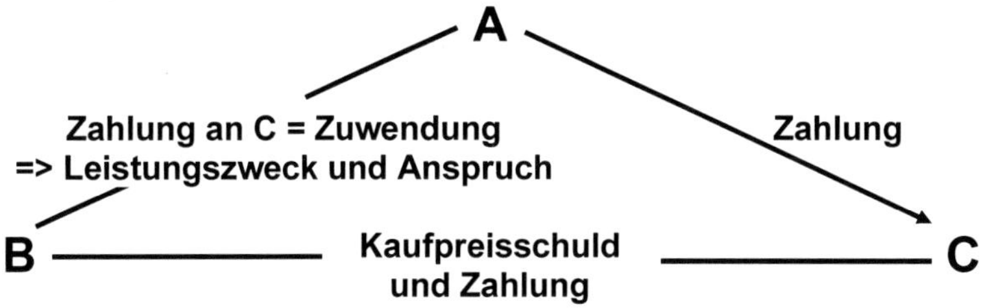

Die Fälle des echten Vertrages zugunsten Dritter

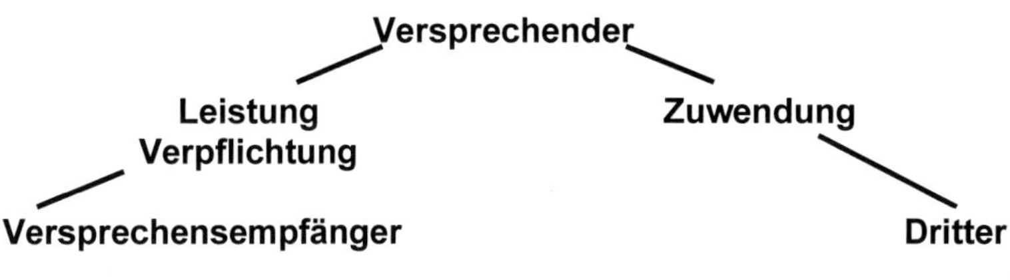

Beim echten Vertrag zugunsten Dritter (VzD) will der Versprechende durch Zuwendung an den Dritten (Zuwendungsempfänger) regelmäßig eine Leistung gegenüber dem Versprechensempfänger erbringen, da er dort eine entsprechende Verpflichtung eingegangen ist. Daher besteht zwischen Versprechendem und Versprechensempfänger ein Leistungsverhältnis, so dass zwischen Versprechendem und Versprechensempfänger eine Leistungskondiktion möglich ist.

Wiederholungsfragen zum 5. Kapitel

1. Wann sind Mehrpersonenbeziehungen im Bereicherungsrecht problematisch?	Wenn der Zuwendende nicht als Leistender anzusehen ist
2. Was ist bei der Beurteilung dieser Fälle entscheidend?	Wer Leistender ist
3. Wer ist Leistender?	Wer einen eigenen Leistungszweck verfolgt
4. Welche Fallgestaltungen unterscheidet man bei den sog. Dreiecksfällen?	Anweisungsfälle; Zahlung fremder Schulden; echte Verträge zugunsten Dritter
5. Wie charakterisiert man die Anweisungsfälle?	Es sind mehrere Verträge hintereinander geschaltet
6. Praktisch wichtige Fälle?	Banküberweisungen
7. Erklären Sie, wer dort wem gegenüber welchen Zweck verfolgt!	Siehe dazu oben Seite 77
8. Welcher Grundsatz ist bei der Abwicklung der Anweisungsfälle zu beachten?	Die Rückabwicklung hat stets im jeweiligen Leistungsverhältnis zu geschehen
9. Welches Problem stellt sich, wenn das Anweisungsverhältnis nichtig ist?	Was der Anweisende erlangt hat
10. Wie ist bei den Fällen der Zahlung fremder Schulden zu unterscheiden?	Schuld besteht, aber Leistender ist nicht verpflichtet/ Schuld besteht nicht
11. Wo liegt in den ersten Fällen die Leistung?	Zwischen Drittem und Gläubiger
12. Wo in den Fällen des VzD?	Versprechender/Versprechensempfänger

6. Kapitel
Sonderfälle der Leistungskondiktion

Fälle des § 812 Abs.1 S.2, 1.Fall

§ 812 Abs.1 S.2, 1.Fall (sog. condictio ob causam finitam) behandelt den späteren Wegfall des Rechtsgrundes.

Auch hier handelt es sich um einen Fall der Leistungskondiktion, bei dem jedoch der Rechtsgrund für die Zuwendung zunächst bestand, später aber entfiel. Es bleibt daher bei den übrigen Grundvoraussetzungen des § 812 Abs.1 S.1, 1.Fall:

1. etwas erlangt (Bereicherungsgegenstand
2. durch Leistung
3. Rechtsgrund ist später entfallen

Der **Rechtsgrund** kann sowohl durch Vereinbarung wie durch Erklärung nur einer Partei entfallen.

***Bsp.**: Entfall des Rechtsgrundes durch Eintritt einer zuvor vereinbarten Bedingung (Entfall durch Vereinbarung); Widerruf bei Verbrauchergeschäften oder bei Schenkungen (Entfall durch einseitige Erklärung).*

Zweifelhaft ist, ob auch die **Anfechtung** einen Fall des § 812 Abs.1 S.2, 1.Fall darstellt. Während dies teilweise bejaht wird, meint eine Gegenansicht, es handele sich bei der Anfechtung um einen Fall fehlenden Rechtsgrundes. Diese Meinung führt an, dass wegen der Rückwirkungsfiktion des § 142 Abs.1 von Beginn an kein Rechtsgrund vorhanden gewesen sei. Demgegenüber weist die erste Auffassung darauf hin, dass das Geschäft bis zur Anfechtungserklärung als wirksam zu behandeln sei, was nur dann Sinn ergebe, wenn ein entsprechender Rechtsgrund bestehe. Dies folge auch aus § 814, aus dem sich ergebe, dass der Leistende bis zur Anfechtung verpflichtet sei, seine Leistung zu erbringen.

§ 812 Abs.1 S.2, 2.Fall

Diese Fälle der sog. condictio causa data non secuta, auch condictio ob rem genannt, kann man als den Nichteintritt des mit der Leistung bezweckten Erfolges beschreiben.

Voraussetzungen des § 812 Abs.1 S.2, 2.Fall

1. etwas erlangt
2. durch Leistung des Anspruchstellers
3. die Leistung muss einen Erfolg bezwecken
4. Einigung (auch schlüssig!) über diesen Zweck
5. Nichteintritt des bezweckten Erfolges

Mit **"Erfolg"** ist in diesem Zusammenhang nicht der ganz normale Leistungserfolg gemeint, also das, was nach dem Vertrag Inhalt der jeweiligen Leistungspflichten ist. Grundlage für diesen Bereicherungsanspruch kann nur ein solcher Erfolg sein, der den Empfänger der Leistung zu einem Verhalten veranlassen soll, zu dem er gerade **nicht verpflichtet** ist.

***Bsp.**: X macht Y ein Geschenk, damit Y ihn als Erben einsetze.*

Beachten Sie: oft ist es schwierig zu entscheiden, ob der Erfolg, der über den eigentlichen Sinn des Vertrages hinausgeht, bereits Vertragsinhalt wurde oder nicht. Ist dies zu bejahen, so handelt es sich nicht um Fälle des § 812 Abs.1 S.2, 2.Fall. Man hat dann gegebenenfalls über die Regeln des Unmöglichkeitsrechts nach den Grundsätzen der Zweckverfehlung die Lösung zu suchen. Die Abgrenzung erfolgt durch Auslegung der Vereinbarungen, Verhaltensweisen usw. im Einzelfall.

Ebenfalls keinen Fall des § 812 Abs.1 S.2 stellt die Störung der Geschäftsgrundlage eines Vertrages gem. § 313 dar, da dort lediglich eine Vertragsanpassung oder Vertragsaufhebung erfolgt, was aber gerade das Bestehen des Vertrages, also eines Rechtsgrundes, voraussetzt.

Fälle des § 813

§ 813 Abs.1 S.1 enthält einen Sonderfall der Leistungskondiktion. Anders als in den Fällen des § 812 Abs.1 S.1, 1.Fall besteht ein Bereicherungsanspruch hier auch dann, wenn eigentlich ein rechtlicher Grund für die Leistung vorliegt. Voraussetzung für einen Anspruch aus § 813 ist jedoch, dass dieser Leistungsanspruch mit einer dauernden Einrede behaftet ist, z.B. §§ 821 oder 853.

Beachten Sie: es muss sich um eine Einrede handeln, nicht um eine Einwendung!

Die Einrede muss dauerhafter Art sein, daher ist z.B. die Geltendmachung von Zurückbehaltungsrechten (z.B. § 273) oder die Einrede des nicht erfüllten Vertrages (§ 320) für § 813 Abs.1 S.1 unbeachtlich.

§ 813 Abs.1 S.1 ist in Fällen, in denen dem Anspruch die Einrede der Verjährung entgegensteht, ausgeschlossen. Nach § 813 Abs.1 S.2 i.V.m. § 214 Abs.2 soll die Verjährung ausdrücklich unberührt bleiben, also dem § 813 entgegengesetzt werden können.

Fälle des § 817 S.1

Die Fälle des § 817 S.1 bezeichnen die Leistungskondiktion wegen sittenwidrigen Empfanges einer Leistung.

Voraussetzungen

1. Annahme einer Leistung des Gläubigers durch den Schuldner
2. Annahme verstößt gegen ein gesetzliches Verbot oder die guten Sitten
3. Die Leistung des Gläubigers bezweckt gerade diesen Verstoß
4. Annehmender kennt die Tatsachen, die den Gesetzes- oder Sittenverstoß begründen

Streitig ist, ob darüber hinaus ein Bewusstsein im Hinblick auf die Verwerflichkeit des Empfanges erforderlich ist. Während dies von der Rechtsprechung unter Hinweis auf den Strafcharakter der Vorschrift bejaht wird, lehnen weite Teile der Literatur eine solche Einschränkung des Tatbestandes ab.

Der Anwendungsbereich des § 817 S.1 ist eng. Da bei Sittenwidrigkeit bereits meistens das Kausalgeschäft nach § 134 oder § 138 nichtig ist, können die Leistungen dann bereits nach § 812 kondiziert werden. So bleibt für § 817 nur in den Fällen ein Anwendungsgebiet, in denen entweder trotz Sittenwidrigkeit ausnahmsweise einmal das Kausalgeschäft bestehen bleibt, oder in denen der Anspruch aus § 812 durch § 814 oder § 815 ausgeschlossen ist.

Der Ausschluss der Leistungskondiktion

Ein solcher Ausschluss kann nach §§ 814, 815, 817 S.2 gegeben sein.

§ 814 setzt voraus, dass bei an sich gegebener Leistungskondiktion der Leistende zu der Leistung, die er erbrachte, nicht verpflichtet war und er dies auch wusste. Dabei muss er positive Kenntnis von der fehlenden Verpflichtung gehabt haben, lediglich fahrlässige (auch grobfahrlässige!) Unkenntnis reicht nicht aus. Ebenfalls ausgeschlossen ist die Leistungskondiktion nach § 814, wenn die Zuwendung einer sittlichen oder einer Anstandspflicht entsprach.

In Fällen des § 812 Abs.1 S.2, 2.Fall (Nichteintritt des bezweckten Erfolges) kann der Bereicherungsanspruch nach **§ 815** ausgeschlossen sein. Voraussetzung für den Ausschluss ist, dass der bezweckte Eintritt des Erfolges von Anfang an unmöglich war und der Leistende dies gewusst oder der Leistende den Erfolgseintritt treuwidrig verhindert hat.

Ein Bereicherungsanspruch aus § 817 S.1 kann nicht nach den §§ 814, 815 aber nach **§ 817 S.2** ausgeschlossen werden. Dazu ist erforderlich, dass dem Leistenden ebenfalls ein Verstoß gegen die guten Sitten zur Last zu legen ist. Damit trifft das Gesetz die (fragwürdige) Entscheidung, dass bei solch einem beidseitigen Sittenverstoß der Leistungsempfänger besser stehen soll als der Leistende.

§ 817 S.2 behandelt ausdrücklich nur den Fall, dass beide Seiten gegen die guten Sitten verstoßen. Jedoch soll die Vorschrift dann analog angewendet werden, wenn allein der Leistende gegen die guten Sitten verstieß.

Problematisch sind die Fälle, in denen nicht nur das schuldrechtliche Verpflichtungsgeschäft, sondern ausnahmsweise **auch das dingliche Erfüllungsgeschäft gegen die guten Sitten verstößt** und daher nichtig ist.

Fraglich ist dann, ob nach § 985 ein Anspruch auf Herausgabe des Leistungsgegenstandes besteht. Dies erscheint zweifelhaft, da die Wertung des Gesetzes, die sich aus § 817 S.2 ergibt, gerade der Herausgabe des Leistungsgegenstandes widerspricht. Nach einer Ansicht soll § 817 S.2 nur innerhalb des Bereicherungsrechtes unmittelbar - also auf § 817 S.1 - oder analog - § 812 Abs.1 S.1, 1.Fall - anzuwenden sein.

Nach anderer Ansicht ist § 817 S.2 auch auf Fälle des § 985 analog anzuwenden.

Fall 15:

W gewährt O, der sich in einer wirtschaftlichen Notlage befindet, was W wusste, ein Darlehen in Höhe von 10.000,- € für die Dauer von sechs Monaten zu einem Zins von 5 % pro Monat. Zinsen und Kapital sind in einer Rate am Ende der Laufzeit zu zahlen. Nach Ablauf der sechs Monate weigert O sich, die fälligen 13.000,- € zu entrichten. Zu Recht?

Lösungsvorschlag

W könnte einen Anspruch gegen O auf Zahlung der 13.000 € aus einem Darlehensvertrag gem. § 488 Abs.1 haben.

Dann müsste zunächst ein Darlehensvertrag wirksam zustande gekommen sein. Mangels anderer Angaben im Sachverhalt kann davon ausgegangen werden, dass die für den Abschluss eines solchen Vertrages notwendigen Willenserklärungen abgegeben wurden. Auch ist anzunehmen, dass die Darlehensvaluta (die 10.000 €) ausgezahlt wurde.

Zweifelhaft ist jedoch, ob die Einigung zwischen W und O auch wirksam ist. Dem könnte Nichtigkeit gemäß § 138 Abs.2 entgegenstehen.

§ 138 Abs.2 setzt zunächst ein auffälliges Missverhältnis von Leistung und Gegenleistung voraus. Die Überlassung von Kapital zu einem Jahreszins von 60 % übersteigt den üblichen Zins bei Bankkrediten erheblich. Ein auffälliges Missverhältnis kann man daher bejahen.

In subjektiver Hinsicht erfordert § 138 Abs.2 die bewusste Ausbeutung einer Zwangslage. Da sich O in einer wirtschaftlichen Notlage befindet, ist eine solche Zwangslage gegeben. Dem W war diese Situation auch bekannt, so dass mangels anderer Angaben angenommen werden muss, dass er gerade deshalb diesen hohen Zins forderte, er also die Zwangslage des O bewusst ausnutzte. Damit liegen die Voraussetzungen des § 138 Abs.2 vor. Somit ist der Vertrag nichtig.

Daher ist ein Darlehensvertrag nicht wirksam zustande gekommen, ein Anspruch des W aus § 488 scheidet mithin aus.

W könnte gegen O jedoch aus § 817 S.1 einen Anspruch auf Zahlung der 13.000 Euro haben.

Man hat hier zunächst § 817 zu prüfen, da dieser einen Spezialfall der Leistungskondiktion darstellt und deshalb § 812 vorgeht.

Dann müsste O als Schuldner dieses Anspruches eine Leistung des Gläubigers, hier W, angenommen haben. Mit der Auszahlung der Darlehensvaluta an O wollte W den vermeintlichen Darlehensvertrag erfüllen, er wendete dem O also bewusst und zweckgerichtet das Geld zu, erbrachte folglich eine Leistung an O. Diese hat O mit dem Empfang des Geldes auch angenommen.

Zweck dieser Leistung müsste es nach § 817 S.1 gewesen sein, dass der Empfänger, also O, mit der Annahme gegen die guten Sitten verstieß. Da der Empfang von Geld, auch wenn dies im Rahmen eines wucherischen Darlehensvertrages geschieht, auf Seiten des Empfängers von der Rechtsordnung nicht als verwerflich angesehen wird, ist diese Voraussetzung nicht erfüllt.

Ein Anspruch des W aus § 817 S.1 scheidet damit aus.

W könnte jedoch gegen O einen Anspruch auf Zahlung der Euro 13.000 aus § 812 Abs.1 S.1, 1.Fall haben.

Dann müsste O zunächst etwas erlangt haben. Durch die Hingabe des Geldes hat O zunächst die tatsächliche Sachherrschaft an den Geldscheinen erlangt, also Besitz erhalten. Darüber hinaus liegt es im Wesen des Darlehensvertrages, dass der Darlehensgeber dem Darlehensnehmer auch das Eigentum an den Gegenständen des Darlehens verschafft. Da W und O meinten, einen Darlehensvertrag zu erfüllen, werden sie bei lebensnaher Auslegung des Sachverhaltes auch die dazu erforderlichen Erklärungen, hier also die Einigung bezüglich des Eigentumsüberganges an den Geldscheinen, abgegeben haben. Da W die Geldscheine auch an O übergab, könnte O nach § 929 also deren Eigentümer geworden sein, es sei denn, dem stünde Sittenwidrigkeit nach § 138 entgegen. Grundsätzlich ist jede Übereignung wertneutral. Der Ausnahmefall, dass auch die dingliche Rechtsänderung von der Sittenwidrigkeit erfasst wird, setzte voraus, dass gerade die Änderung dieser dinglichen Rechtslage gegen die guten Sitten verstieße. Dies ist hier jedoch nicht ersichtlich. Also ist die Übereignung der Scheine an O wirksam, O hat mithin auch Eigentum daran erlangt.

Die Scheine wurden dem O auch zweckgerichtet und bewusst zugewendet (s.o.), also geleistet.

Diese Leistung müsste schließlich ohne Rechtsgrund erfolgt sein. Ein rechtlicher Grund für die Zuwendung wäre ein wirksamer Darlehensvertrag. Wie oben festgestellt, ist dieser jedoch nichtig. Folglich geschah die Leistung ohne Rechtsgrund.

Fraglich ist jedoch, ob dem damit an sich gegebenen Anspruch auf Herausgabe des Erlangten eine Ausschlussvorschrift der §§ 812 ff entgegensteht.

In Betracht kommt zunächst § 814. Dieser setzt aber voraus, dass der Leistende von seiner fehlenden Leistungspflicht wusste. Es ist dem Sachverhalt jedoch nicht zu entnehmen, dass W die Nichtigkeit des Darlehensvertrages bewusst war. Deshalb greift § 814 nicht ein.

Denkbar wäre aber ein Ausschluss nach § 817 S.2. Diese Norm wird überwiegend über ihren Wortlaut hinaus auf alle Fälle der Leistungskondiktion analog angewandt, so dass auch im vorliegenden Fall § 817 S.2 den Anspruch aus § 812 ausschließen könnte.

Voraussetzung ist jedoch, dass dem Leistenden, also hier W, "gleichfalls ein Sittenverstoß zur Last fällt". Daraus ergibt sich, dass die Vorschrift erfordert, beide Seiten treffe gleichermaßen ein Sittenverstoß. Hier verstößt jedoch allein W gegen die guten Sitten. Eine analoge Anwendung des § 817 S.2 schiede danach aus.

Es ist nun aber anerkannt, dass in Fällen, in denen allein der Leistende gegen die guten Sitten verstieß, § 817 S.2 dennoch analog angewandt wird. Folglich kann O die Zahlung nach § 817 S.2 analog verweigern.

Dies führte jedoch zu der seltsamen Konsequenz, dass O auch die Darlehensvaluta, die Euro 10.000, nicht herauszugeben brauchte. Da § 817 S.2 nur insoweit eine Regelung treffen will, als der Vorteil, den der Empfänger erlangte, auf Dauer in dessen Vermögen verbleiben soll, ist das Ergebnis hier entsprechend zu korrigieren. Bei einer Sachüberlassung auf Zeit, wie bei einem Darlehen, verbleibt nicht die Darlehensvaluta auf Dauer beim Empfänger, sondern nur der Nutzungsvorteil des Kapitals. Folglich sperrt § 817 S.2 auch nicht die Rückzahlung der Euro 10.000, sondern nur die Herausgabe des Nutzungsvorteils, also die Zahlung von Zinsen, hier der Euro 3.000.

Umstritten ist aber, ob dem Darlehensgeber wenigstens die üblichen Zinsen für ein derartiges Darlehen zu gewähren sind. Die Rechtsprechung und Teile der Literatur lehnen dies mit unterschiedlichen Begründungen ab. Die Gegenansicht meint, ein angemessener Zins sei in diesen Fällen zu zahlen, da anderenfalls der Vorschrift des § 817 Strafcharakter zukäme, der sonst gerade allgemein abgelehnt werde.

Folgte man dieser Gegenansicht, schützte man damit den Wucherer, indem man ihm mindestens den üblichen Zins sicherte. Er könnte also risikolos wucherische Darlehen vergeben. Falls der Kunde sich wehrt, stünde der Wucherer nicht schlechter als es ihm nach der Rechtsordnung zukäme. Das Opfer solcher Wucherer hingegen, das gerade geschützt werden soll, könnte bestenfalls so stehen wie es die Rechtsordnung vorsieht. Damit trüge das Opfer das Risiko, eine der Rechtsordnung entsprechende Lage herbeizuführen, obwohl andererseits gerade das Opfer vom Schutzgedanken der Vorschrift her privilegiert werden soll. Damit ist der ersten Ansicht zu folgen, die diesem Schutz- und Risikoverteilungsgedanken besser Rechnung trägt.

Mithin muss O lediglich die Euro 10.000 an W herausgeben, nicht aber auch Euro 3.000 Zins entrichten. Da die Herausgabe der von W erhaltenen Geldscheine nicht mehr möglich sein dürfte, hat O gem. §§ 812 Abs.1, S.1, 1.Fall, 818 Abs.2 Wertersatz i.H.v. Euro 10.000 zu leisten.

§§§§§§§§§§§§§§§§§§§§§§§

Wiederholungsfragen zum 6. Kapitel

1. Unterschied von § 812 Abs.1 S.2,1.Fall zu S.1,1.Fall?	Der Rechtsgrund bestand zunächst, entfiel aber später
2. Wie ist die Anfechtung dabei zu beurteilen?	Str., ob unter Abs.2 oder Abs.1 zu erfassen
3. Was versteht man unter Erfolg i.S.d. § 812 Abs.1, S.2, 2.Fall?	Ein außerhalb des Vertrages liegendes Verhalten
4. Wie ist Verjährung im Rahmen des § 813 zu behandeln?	Wird nicht erfasst, § 813 Abs.1 S.2
5. Was erfasst § 813 nur?	Einreden, nicht Einwendungen
6. Voraussetzungen des § 817 S.1?	Siehe oben S.87
7. Was ist dabei umstritten?	Ob zusätzlich das Bewusstsein bzgl. der Verwerflichkeit erforderlich ist
8. Welches ist der Anwendungsbereich des § 817 S.1?	Fälle, in denen - ausnahmsweise das Kausalgeschäft trotz Sittenwidrigkeit wirksam bleibt, - §§ 814, 815 den § 812 sperren
9. Was setzt § 814 subjektiv voraus?	Positive Kenntnis der fehlenden Verpflichtung
10. Was setzt § 817 S.2 voraus?	Dem Leistenden fällt gleichfalls Sittenverstoß zur Last
11. Wann wird § 817 analog angewendet?	Wenn allein dem Leistenden ein Sittenverstoß zur Last fällt
12. Welches Problem ergibt sich bei Nichtigkeit von Kausal- und Erfüllungsgeschäft?	Ob § 817 S.2 auch auf § 985 anzuwenden ist

7. Kapitel
Sonderfälle der Eingriffskondiktion

Fälle des § 816

§ 816 enthält mehrere **Spezialfälle der Eingriffskondiktion**. Man unterscheidet:

- die entgeltliche Verfügung eines Nichtberechtigten (NB) nach § 816 Abs.1 S.1
- die unentgeltliche Verfügung eines NB nach § 816 Abs.1 S.2
- die Leistung an einen NB nach § 816 Abs.2

Die Bedeutung des § 816 Abs.1 S.1 liegt in seiner Funktion als Bindeglied zwischen Sachenrecht und Schuldrecht. Er ist daher sehr klausurrelevant, nicht zuletzt deshalb, weil er auf dem Grundsatz des Abstraktionsprinzips beruht.

Die Fälle des § 816 Abs.1 S.1

In der nachfolgenden Darstellung wird aus Vereinfachungsgründen der Begriff der Verfügung nur auf Fälle der Übereignung angewendet. § 816 gilt aber gleichermaßen für alle anderen - freilich viel selteneren - Fälle der Verfügung.

Für eine wirksame Übereignung ist neben Einigung und Übergabe bzw. Übergabesurrogat stets die Berechtigung des Übereignenden erforderlich. Im Normalfall muss er selbst Eigentümer sein. Übereignet nun eine Person eine Sache, deren Eigentümer sie nicht ist, kann der andere Vertragsteil dennoch Eigentum erwerben, wenn ein Fall des gutgläubigen Erwerbs nach §§ 932 ff vorliegt. Dann ist diese Übereignung des Nichteigentümers nämlich insofern wirksam, als der Erwerber Eigentum erlangt und der bisherige Eigentümer (ohne sein Zutun) das Eigentum verliert. (Eingehend dazu JURISTISCHE GRUNDKURSE, Band 6, Sachenrecht 1).

Bsp.: *A ist Eigentümer eines Fernsehgerätes. Er hat dieses Gerät an B vermietet. B verkauft und übereignet das Gerät an C. - Zwar ist B nicht Eigentümer und kann daher das Gerät nicht nach § 929 ff übereignen, da ihm die erforderliche Berechtigung fehlt. Dennoch erwirbt C gem. § 932 das Eigentum an dem Gerät, sofern er nur gutgläubig ist, also nichts vom Fehlen der Eigentümerstellung des B weiß. Damit verliert A sein Eigentum an C, so dass A keinen Anspruch auf Herausgabe nach § 985 gegen C geltend machen kann.*

Das Gesetz schafft in diesen Fällen durch § 816 Abs.1 S.1 einen Ausgleich für den Eigentumsverlust zugunsten des A in der Weise, dass er von B die Herausgabe derjenigen vermögenswerten Positionen verlangen kann, die dieser infolge der Verfügung (hier = Übereignung) erlangte. Im Beispielfall wäre dies der Anspruch auf den Kaufpreis (sofern C noch nicht gezahlt hat) bzw. der Kaufpreis selbst (falls C gezahlt hat).

Die Voraussetzungen des Anspruchs aus § 816 Abs.1 S.1

1. Verfügung des Anspruchsgegners
2. Anspruchsgegner war Nichtberechtigter z.Z. der Verfügung
3. Anspruchsteller war Berechtigter z.Z. der Verfügung
4. Verfügung ist dem Berechtigten gegenüber wirksam
5. Verfügung erfolgte entgeltlich

Verfügung ist

jedes Rechtsgeschäft, das unmittelbar auf den Bestand eines Rechtes einwirkt

In Betracht kommen Rechtsänderungen, Belastungen eines Rechtes, Rechtsaufhebungen.

Berechtigter ist, wer zu der jeweiligen Verfügung grundsätzlich befugt gewesen wäre, also bei Übereignungen im Regelfall der Eigentümer.

Nichtberechtigter (NB) ist dementsprechend, wer eine solche Verfügungsbefugnis gerade nicht hatte.

Beachten Sie: Die Beurteilung, ob jemand Berechtigter oder Nichtberechtigter ist, hat auf den Zeitpunkt unmittelbar vor (die logische Sekunde vor) der fraglichen Verfügung abzustellen!

Ob eine **Verfügung wirksam** ist, ergibt sich aus den jeweils für das Rechtsgeschäft maßgeblichen Vorschriften, so für den hier allein behandelten Bereich der Übereignung beweglicher Sachen aus §§ 929 ff, 932 ff.

Die letzte Voraussetzung des § 816 Abs.1 S.1 ist die **Entgeltlichkeit** der Verfügung. Dies lässt sich nicht unmittelbar aus dem § 816 Abs.1 S.1 entnehmen, sondern folgt vielmehr aus der Systematik der Vorschriften: § 816 Abs.1 S.1 erfasst nach seinem Wortlaut alle Verfügungen, § 816 Abs.1 S.2 dagegen nur die unentgeltlichen. Daher ist § 816 Abs.1 S.1 die allgemeinere Vorschrift, die von § 816 Abs.1 S.2 als speziellere Norm verdrängt wird soweit diese reicht, also bei unentgeltlichen Verfügungen. So verbleiben als Anwendungsbereich für § 816 Abs.1 S.1 nur entgeltliche Verfügungen.

Rechtsfolge des § 816 Abs.1 S.1:

Herausgabe des durch die Verfügung Erlangten

An dieser Stelle ist die Gesetzesformulierung unexakt, denn nach dem Abstraktionsprinzip erlangt der Verfügende durch seine Verfügung überhaupt nichts, sondern nur aus dem zugrunde liegenden Kausalgeschäft einen Anspruch oder durch das seiner Verfügung gegenüberstehende andere Erfüllungsgeschäft einen Rechtszuwachs. Alle drei Rechtsgeschäfte sind aber völlig selbständig zu betrachten. Der Wortlaut ist richtigerweise so zu verstehen, dass er die Herausgabe dessen verlangen kann, das dem NB in unmittelbarem Zusammenhang mit dessen Verfügung zufloss.

Fraglich ist im Übrigen der Umfang des Herausgabeanspruches. Sofern der NB eine Gegenleistung erhält, deren Wert geringer ist als der des Gegenstandes, über den er verfügte, so hat der NB nur diese Gegenleistung herauszugeben, da er nur insoweit bereichert ist (Argument: Sinn und Zweck des Bereicherungsrechts).

Den verbleibenden Rest, also die Wertdifferenz, kann der Berechtigte nur über Normen des Schadensersatzrechts ersetzt verlangen, z.B. aus Vertrag, § 280, § 823 Abs.1 oder § 823 Abs.2 i.V.m. § 246 StGB.

Übersteigt das Entgelt für die Verfügung den Wert des Gegenstandes, ist umstritten, ob der NB nur in Höhe des Wertes die Herausgabe des Erlangten schuldet oder alles herauszugeben hat.

Da § 816 Abs.1 S.1 von der Herausgabe des Erlangten spricht, überzeugt die Auffassung, die von der vollständigen Herausgabe ausgeht.

⇨ Siehe näher dazu: Dahlkamp, Streitstände Kompakt Band 4, Streitstand 58.

Für die **Fallbearbeitung** ist stets zuerst zu klären, **welcher der drei Fälle des § 816 vorliegt**. Dies ergibt sich aus dem Anspruchsbegehren der jeweils fordernden Partei. Bei **§ 816 Abs.1 S.1**, ebenso wie bei **§ 816 Abs.2** richtet sich der **Anspruch des Berechtigten gegen den NB**.

Der Unterschied zwischen § 816 Abs.1 S.1 und Abs.2 liegt darin, dass bei Abs.1 S.1 der NB eine Verfügung vornehmen muss, während in Abs.2 eine Leistung an den NB erfolgt.

Der Unterschied zwischen § 816 Abs.1 S.1 und Abs.1 S.2 liegt darin, dass sich bei S.1 der **Anspruch des Berechtigten gegen Nichtberechtigten und bei S.2 gegen den Dritten** richtet.

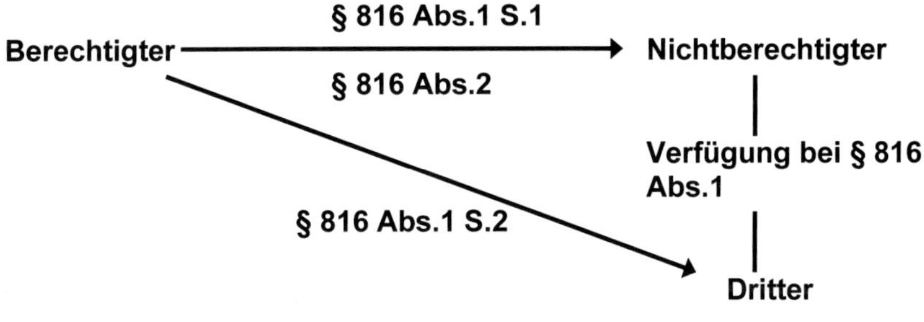

Fall 16:

A hat B ein Buch geliehen. B verkauft und übereignet dieses Buch an den gutgläubigen C. B dachte, es sei sein eigenes Buch. A fragt nach seinen Ansprüchen. Wie ist die Rechtslage?

Lösungsvorschlag

I. Ansprüche gegen C

Bei einer solchen Fallfrage hat der Bearbeiter alle in Betracht kommenden Ansprüche, die A zustehen könnten, zu prüfen. Aus Platzgründen werden die außerhalb des § 816 liegenden Anspruchsgrundlagen nur kurz angesprochen und nicht gutachtlich dargestellt. Der Bearbeiter sollte gleichwohl versuchen, eine klausurmäßige Lösung anzufertigen.

***Vertragliche Ansprüche** sind nicht gegeben, da A und C nicht in rechtsgeschäftlichem Kontakt zueinander standen.*

***§ 985** scheidet aus, da C gem. §§ 929, 932 gutgläubig das Eigentum an dem Buch erwarb, A daher nicht mehr Eigentümer ist.*

***§ 812 Abs.1 S.1, 1.Fall** greift nicht ein, da A das Vermögen des C nicht bewusst und zweckgerichtet vermehrte, also an ihn nicht leistete.*

***§ 812 Abs.1 S.1, 2.Fall** scheitert am Vorrang der Leistungsbeziehungen, da B das Buch an C leistete.*

*Ein Anspruch aus **§§ 823 ff** scheidet aus, da C kein Verschulden an dem Eigentumsverlust auf Seiten des A trifft.*

A könnte jedoch einen Anspruch aus § 816 Abs.1 S.1 auf Herausgabe des Buches gegen C haben.

Dann müsste der Anspruchsgegner, also C, als Nichtberechtigter eine Verfügung getroffen haben. Da der Sachverhalt keinen Hinweis auf eine Verfügung durch C enthält, scheidet ein Anspruch aus § 816 Abs.1 S.1 aus.

A könnte jedoch einen Anspruch aus § 816 Abs.1 S.2 auf Herausgabe des Buches gegen C haben.

§ 816 Abs.1 S.2 setzt u.a. voraus, dass eine unentgeltliche Verfügung durch einen Nichtberechtigten erfolgte. Die hier allein in Betracht kommende Veräußerung durch B an C geschah jedoch gegen Zahlung eines Kaufpreises, also nicht unentgeltlich. Ein Anspruch aus § 816 Abs.1 S.2 greift daher schon deshalb nicht durch.

II. Ansprüche gegen B

Sind in der Klausur ***gutachtlich*** *auszuführen:*

Vertragliche Ansprüche *könnten sich aus dem Leihvertrag ergeben. Die aus* ***§ 604*** *folgende Rückgabepflicht ist B aber unmöglich geworden, er wird gem. § 275 Abs.1 von dieser Leistungspflicht frei.*

Ein Anspruch besteht aber aus §§ 280, 283 auf Schadensersatz, da es sich um einen Fall nachträglicher (= nach Abschluss des Leihvertrages) Unmöglichkeit (= Rückgabe ist nicht mehr möglich) handelt, die B zu vertreten hat (= fahrlässige Unkenntnis, dass es sich um ein Buch des A handelt) und einen Schaden (= Eigentumsverlust bei A) bewirkte.

Bei Fällen des § 816 ist zunächst immer herauszuarbeiten, welche der Rechtsfolgen, also die des S.1, des S.2 oder des Abs.2 die jeweils einschlägige ist. Soweit im vorliegenden Fall A Ansprüche gegen B geltend macht, k ommen Ansprüche aus § 816 Abs.1 S.1 und Abs.2 in Betracht. Es geht jedoch weiter um eine Verfügung des B und nicht um eine Leistung an B, so dass § 816 Abs.2 ausscheidet.

A könnte gegen B einen Anspruch aus § 816 Abs.1 S.1 auf Herausgabe des Erlangten haben.

Der Anspruchsgegner, B, müsste über den fraglichen Gegenstand, also das Buch, verfügt haben. Verfügung ist jedes Rechtsgeschäft, das unmittelbar auf den Bestand eines Rechtes einwirkt. Hier hat B das Buch veräußert, damit eine Rechtsänderung, den Eigentumswechsel, herbeigeführt, also verfügt.

Der Anspruchsgegner, B, müsste Nichtberechtigter z.Z. der Verfügung gewesen sein. Da B nicht der Eigentümer des Buches war und eine anderweitige Verfügungsberechtigung nicht ersichtlich ist, war er Nichtberechtigter als er das Buch übereignete, also verfügte.

Weiter müsste der Anspruchsteller, A, Berechtigter z. Z. der Verfügung im Hinblick auf die Veräußerung des Buches gewesen sein. Da es sich um ein Buch des A handelte, ist dieser dessen Eigentümer gewesen, folglich war er Berechtigter.

Die Verfügung müsste dem Berechtigten, A, gegenüber wirksam sein. Da C an dem Buch gutgläubig das Eigentum erwarb (s.o.), hat A sein Eigentum verloren, die Verfügung ist mithin wirksam gegenüber A.

Schließlich müsste es sich, wie sich aus einem Umkehrschluss aus § 816 Abs.1 S.2 ergibt, um eine entgeltliche Verfügung handeln. Da B das Buch an C verkauft, erhält er den Kaufpreis(anspruch), ein Entgelt, so dass auch diese Voraussetzung erfüllt ist.

Damit hat A einen Anspruch auf Herausgabe des Erlangten, also des Kaufpreises.

Daneben hat A auch Anspruch auf Schadensersatz aus § 823 Abs.1, da B durch die Übereignung fahrlässig das Eigentum des A verletzte. Ein Anspruch aus § 823 Abs.2 besteht dagegen nicht, da die möglichen Schutzgesetze, z.B. §§ 246, 266 StGB nur vorsätzlich erfüllt werden können.

§§§§§§§§§§§§§§§§§§§§§§§§§§

Die unentgeltliche Verfügung eines NB nach § 816 Abs.1 S.2
Die Voraussetzungen des § 816 Abs.1 S.2

1. Anspruchsgegner ist Verfügungsempfänger
2. Verfügung eines z.Z. der Verfügung Nichtberechtigten
3. Anspruchsteller war Berechtigter z.Z. der Verfügung
4. Verfügung ist dem Berechtigten gegenüber wirksam
5. Verfügung erfolgte unentgeltlich

Es zeigt sich somit, dass sich Abs.1 S.1 von S.2 vor allem durch das letzte Merkmal unterscheidet. Da in den Fällen des Abs.1 S.2 der NB keine Gegenleistung für seine Verfügung erlangt, die er an den Berechtigten herausgeben könnte, andererseits der Dritte durch die unentgeltliche Zuwendung bereichert ist, sieht das Gesetz eine andere Rechtsfolge als in Abs.1 S.1 vor. Nicht der NB, sondern der Dritte hat das durch die Verfügung Erlangte an den Berechtigten herauszugeben.

***Bsp.**: A ist Eigentümer eines Fernsehgerätes, das er dem B vermietet hat. B verschenkt und übereignet dieses Gerät an C.- Ein Anspruch aus § 816 Abs.1 S.1 des A gegen B scheidet aus, da hier die Verfügung nicht entgeltlich erfolgte (Schenkung!). Aber nach § 816 Abs.1 S.2 hat A gegen C einen unmittelbaren Anspruch auf Herausgabe des Erlangten, hier also auf Rückübereignung und Herausgabe des Besitzes am Fernsehgerät.*

Es zeigt sich an diesem Beispiel, dass die Bedeutung des § 816 Abs.1 S.2 darin liegt, dass dort der Grundsatz des Vorrangs der Leistungsbeziehungen nicht eingreift.

Ein Anspruch aus § 812 Abs.1 S.1, 2.Fall des A gegen C scheitert nämlich am Grundsatz des Vorrangs der Leistungsbeziehungen, da B dem C Eigentum und Besitz am Fernseher leistete.

Fall 17:

Wie in Fall 8, aber B verschenkt und übereignet das Buch an C.
Ansprüche des A aus § 816?

Versuchen Sie auch hier, die Rechtslage wie in Fall 8 zu prüfen! Was ändert sich? - Außerhalb des § 816 bleibt es wie im Fall vorher!

Lösungsvorschlag

A könnte gegen C einen Anspruch auf Herausgabe des Buches aus § 816 Abs.1 S.2 haben.

Anspruchsgegner B müsste verfügt haben und die Verfügung müsste A gegenüber wirksam sein. Das ist, wie im Fall zuvor, mit der Übereignung nach §§ 929, 932 an C gegeben.

Weiter müsste A Berechtigter und B Nichtberechtigter z.Z. der Verfügung, also bei Veräußerung des Buches gewesen sein. Das ist der Fall, s.o., Fall 8.

Schließlich setzt § 816 Abs.1 S.2 voraus, dass die Verfügung unentgeltlich erfolgte. B hat das Buch an C verschenkt. Folglich hat er keine Gegenleistung für die Übereignung erhalten. Demnach erfolgte die Verfügung unentgeltlich.

Damit liegen die Voraussetzungen des § 816 Abs.1 S.2 vor. Mithin hat A einen Anspruch auf Herausgabe des Erlangten, also von Eigentum und Besitz am Buch, gegen C.

§§§§§§§§§§§§§§§§§§§

Die Leistung an einen Nichtberechtigten nach § 816 Abs.2

Die Voraussetzungen des § 816 Abs.2

1. Anspruchsteller ist Berechtigter
2. Anspruchsgegner ist NB
3. Leistung an den NB
4. Leistung ist dem Berechtigten gegenüber wirksam

Der Anwendungsbereich des § 816 Abs.2 ist eng. Meist handelt es sich um Fälle, in denen der Schuldner an den "falschen" Gläubiger leistet, er jedoch wegen der Schuldnerschutzvorschriften der §§ 404 ff mit befreiender Wirkung leisten konnte.

***Bsp.**: C hat B ein Darlehen gewährt. Während der Laufzeit des Darlehens tritt C den Anspruch auf Rückzahlung aus § 488 an A ab. Dies wird dem B nicht mitgeteilt. Bei Fälligkeit des Darlehens leistet B an C. - Gemäß § 407 Abs.1 ist die Leistung des B an C dem A gegenüber wirksam. Folge: A kann B nicht auf nochmalige Zahlung in Anspruch nehmen. A kann jedoch gemäß § 816 Abs.2 Herausgabe des an C geleisteten Geldes verlangen.*

Die Durchbrechung des Prinzips vom Vorrang der Leistungsbeziehungen durch analoge Anwendung des § 816 Abs.1 S.2

Wie bereits oben erläutert, stellt § 816 Abs.1 S.2 die Durchbrechung des Prinzips vom Vorrang der Leistungsbeziehungen dar. Diese Vorschrift erfasst nach ihrem Wortlaut aber nur unentgeltliche Verfügungen. Es wird aber in der Literatur vertreten, auch die rechtsgrundlose Verfügung müsse analog § 816 Abs.1 S.2 behandelt werden. Dies führte zu einem direkten Anspruch des Berechtigten gegen den Dritten auf Herausgabe des erhaltenen Gegenstandes.

***Bsp.**: A hat seinen Fernseher an B vermietet. B verkauft und übereignet diesen Fernseher an C. Bei Abschluss des Kaufvertrages war B schwerwiegend bewusstseinsgestört (nicht bei der Übereignung!). - Da hier der Kaufvertrag B/C nach §§ 104,105 nichtig ist, erfolgte die Verfügung (Übereignung) des B (=NB) rechtsgrundlos. Nach der o.g. Ansicht hat A einen direkten Herausgabeanspruch gegen C aus § 816 Abs.1 S.2 analog, obwohl B an C leistete.*

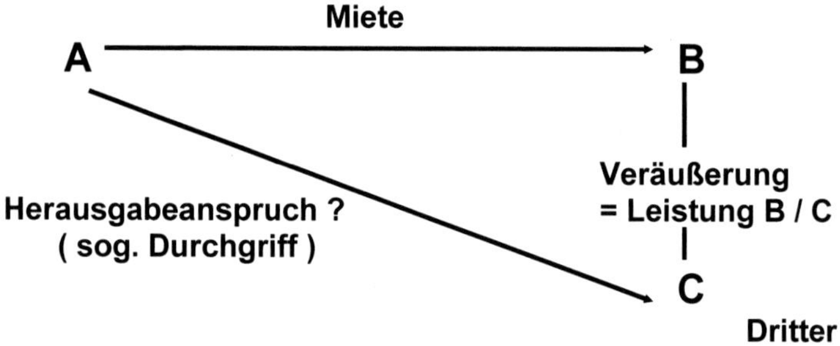

Überwiegend lehnt man eine derartige Analogie, die man auch als **Durchgriffskondiktion** oder **Einheitskondiktion** bezeichnet, zu Recht ab. Ein solcher "Durchgriff" könnte nämlich dazu führen, dass dem NB Einwendungen abgeschnitten werden, die dieser gegenüber dem Berechtigten hat, z.B. aus einem Zurückbehaltungsrecht. Es ist daher sachgerecht, den Fall innerhalb der jeweiligen Leistungsbeziehungen abzuwickeln, also im Wege einer sog. Doppelkondiktion.

A muss daher im Wege der Leistungskondiktion gegen B vorgehen, der seinerseits aus einer Leistungskondiktion Ansprüche gegen C geltend machen kann.

Die Fälle des § 822

Ebenso wie § 816 Abs.1 S.2 gewährt § 822 einen Anspruch gegen einen Dritten. Danach muss ein Dritter, der von einem Bereicherungsschuldner einen Gegenstand unentgeltlich erwirbt, diesen Gegenstand an den Bereicherungsgläubiger herausgeben. Der Unterschied zu § 816 Abs.1 S.2 liegt nun zunächst darin, dass **§ 822 die Verfügung eines Berechtigten** voraussetzt.

Bsp.: *A verkauft und übereignet an B seinen Fernseher. Der Kaufvertrag ist jedoch nichtig. B veräußert das Gerät unentgeltlich weiter an C. - Da zwar der Kaufvertrag A/B nichtig ist, nicht aber die Übereignung (Abstraktionsprinzip!), ist B Eigentümer geworden, hat also als Berechtigter an C weiter veräußert.*

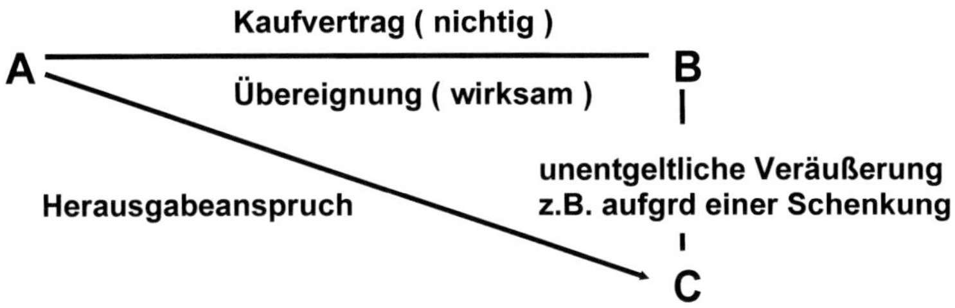

Voraussetzungen des § 822

1. **Bereicherungsgläubiger hat Bereicherungsanspruch gegen ersten Empfänger des Bereicherungsgegenstandes**
2. **Erster Empfänger hat Bereicherungsgegenstand Anspruchsgegner unentgeltlich zugewendet**
3. **Durch die Zuwendung ist ein Bereicherungsanspruch des Bereicherungsgläubigers gegen den ersten Empfänger ausgeschlossen**

Dieser Ausschluss des Bereicherungsanspruches tritt dann ein, wenn der erste Empfänger nicht mehr bereichert ist, also § 818 Abs.3 eingreift.

Bsp.(*Fortsetzung des obigen Bsp.): Da B das Gerät unentgeltlich an C weitergab, ist er nicht mehr bereichert. Gem. § 818 Abs.3 ist ein Bereicherungsanspruch des A gegen B daher ausgeschlossen. Damit liegen die Voraussetzungen des § 822 vor, also hat A gegen C einen Anspruch auf Herausgabe des Erlangten, hier von Eigentum und Besitz am Fernseher.*

Achtung: in diesen Fällen scheidet § 822 stets dann aus, wenn B bei der Weiterveräußerung an C den Mangel im Rechtsgrund kannte, da B dann dem A nach §§ 818 Abs.4, 819 haftet.

Wiederholungsfragen zum 7. Kapitel

1. Voraussetzungen des § 816 Abs.1 S.1?	Verfügung des Anspruchsgegners; Anspruchsgegner ist Nichtberechtigter; Anspruchsteller ist Berechtigter; Verfügung wirksam; Verfügung entgeltlich
2. Wer ist Berechtigter?	Wer zur Verfügung befugt gewesen wäre
3. Was ist eine Verfügung?	Rechtsgeschäft, das unmittelbar auf den Bestand eines dinglichen Rechtes einwirkt
4. Wo finden sich vor allem Vorschriften für die Wirksamkeit der Verfügung?	In §§ 932 ff
5. Rechtsfolge des § 816 Abs.1 S.1?	Herausgabe des infolge der Verfügung Erlangten
6. Umfang des Herausgabe-anspruchs?	Nur das Erlangte ist herauszugeben, str
7. In welchen Fällen richtet sich der Anspruch des Berechtigten gegen den Nichtberechtigten?	§ 816 Abs.1 S.1 und Abs.2
8. Wann gegen den Dritten?	§ 816 Abs.1 S.2
9. Wie unterscheiden sich die Voraussetzungen des Abs.1 S.1 von S.2?	Verfügung erfolgte unentgeltlich
10. Was gilt bei § 816 Abs.1 S.2 nicht?	Grundsatz des Vorrangs der Leistungsbeziehungen
11. Voraussetzungen des § 816 Abs.2?	Berechtigter; Nichtberechtigter; Leistung an Nichtberechtigten; dem Berechtigten gegenüber wirksam
12. Was versteht man unter einer Durchgriffskondiktion?	Anspruch gegen Dritten bei rechtsgrundloser Verfügung analog § 816 Abs.1 S.2
13. Wodurch unterscheidet sich § 822 von § 816 Abs.1 S.2?	Der Verfügende ist Berechtigter

8. Kapitel
Der Umfang des Bereicherungsanspruches

Grundsätzlich hat der Bereicherte das Erlangte herauszugeben. Dabei geht der Anspruch im Prinzip auf Herausgabe dessen, was der Bereicherte tatsächlich erlangt hat, sog. **Herausgabe in natura**. Den Umfang des Herausgabeanspruches regelt im Einzelnen § 818.

Nach § 818 Abs.1 kann der Bereicherungsgläubiger auch gezogene Nutzungen heraus verlangen. Darüber hinaus hat er Anspruch auf das, was der Bereicherte anstelle des Erlangten nunmehr in seinem Vermögen hat. Er kann also Herausgabe des sog. Surrogates fordern.

Sofern die Herausgabe dem Bereicherten nicht möglich ist, hat er gem. § 818 Abs.2 Wertersatz zu leisten. Der Wertersatz richtet sich dabei grundsätzlich nach dem objektiven Verkehrswert.

Zur Anwendbarkeit des § 818 im Rahmen des § 951 und des sog. Eigentümer-Besitzer-Verhältnisses siehe Sachenrecht 1.

Sofern der Bereicherte in seinem Vermögen keinerlei Bereicherung mehr aufweist, er also entreichert ist, scheidet gem. § 818 Abs.3 ein Bereicherungsanspruch gegen ihn aus. Der Grund liegt darin, dass das Bereicherungsrecht lediglich vorhandene Bereicherungen abschöpfen, nicht jedoch einen Ersatz für die Vermögensminderung beim Bereicherungsgläubiger gewähren soll.

Die Voraussetzungen des § 818 Abs.3

1. Entreicherung beim Bereicherungsschuldner
2. Kein Ausschluss des § 818 Abs.3 nach § 818 Abs.4, 819.

Bei der Frage, ob der Schuldner entreichert ist, kommt es auf eine wirtschaftliche Betrachtungsweise an. Entscheidend ist, ob die Bereicherung wertmäßig noch in irgendeiner Form im Vermögen des Empfängers vorhanden ist. Dabei ist insbesondere zu berücksichtigen, ob er ggf. durch die Weggabe des Bereicherungsgegenstandes Aufwendungen erspart hat.

Bsp.: *A hat die Lebensmittel (Bereicherungsgegenstand) des B (Bereicherungsgläubiger) verzehrt. Dadurch bedurfte es keines Lebensmitteleinkaufes, die Aufwendungen dafür hat A mithin erspart.*

Es ist also abstrakt zu prüfen, wie der Bereicherungsschuldner gestanden hätte, wenn der Bereicherungsgegenstand nicht seinem Vermögen zugeflossen wäre. Die sich durch Gegenüberstellung beider Vermögenslagen ergebende Wertdifferenz stellt die Bereicherung dar. Sofern sich eine Wertdifferenz dann nicht feststellen lässt, fehlt es an einer Bereicherung.

Schulbeispiel für die Fälle des § 818 Abs.3 sind die Vornahme einer Luxusreise, die jemand ohne Bereicherung nicht unternommen hätte, Feiern einer großen Fete, die man sonst nicht gefeiert hätte, etc. In diesen Fällen hätte der Bereicherte gerade keine entsprechenden Aufwendungen getätigt. Allein aufgrund der Bereicherung tätigt er die Ausgaben, eine Ersparnis von Aufwendungen liegt nicht vor. Folglich ist er im Sinne des § 818 Abs.3 entreichert. Hätte er hingegen die Feier anlässlich seines Geburtstages sowieso veranstaltet, hätte er Aufwendungen in der Höhe erspart, in der er Ausgaben für die Geburtstagsfeier gehabt hätte.

Die Berufung auf § 818 Abs.3 ist dem Bereicherungsschuldner dann versagt, wenn er verschärft haftet nach den §§ 818 Abs.4, 819 Abs.1.

Fraglich ist, inwieweit bei der Berechnung der noch vorhandenen Bereicherung Aufwendungen abzuziehen sind, die der Bereicherungsschuldner durch das Erlangen der Bereicherung zu tätigen hatte.

> **Bsp.**: *A erlangt einen Hund als Bereicherungsgegenstand. Er veräußerte den Hund und erhält dafür den Erlös, der sich noch in seinem Vermögen befindet. Fraglich ist, ob A von dem Anspruch des Bereicherungsgläubigers auf objektiven Wertersatz die aufgewendeten Futterkosten abziehen kann.*

Nach der Rechtsprechung sind bei der Berechnung des Umfangs der Bereicherung alle Aufwendungen abzuziehen, die in einem adäquaten Kausalzusammenhang mit der Bereicherung stehen.

Nach einer starken Auffassung in der Literatur sind nur solche Nachteile abzugsfähig, die der Bereicherungsschuldner gerade deshalb erlitt, weil er darauf vertraute, den Bereicherungsgegenstand auf Dauer behalten zu können.

> **Bsp.**: *A hat ein Pferd als Bereicherungsgegenstand erlangt. Im Hinblick darauf, dass ihm dieses Pferd zustehe, lässt er es als Dressurpferd ausbilden. - Die Kosten für die Dressurausbildung tätigte A im Vertrauen darauf, dass er das Pferd auf Dauer behalten konnte. Folglich sind solche Kosten nach der Literaturansicht ersatzfähig. Hat das Pferd jedoch beispielsweise einen Passanten getreten und musste A Schadensersatz leisten, so leistete er diesen Schadensersatz nicht deshalb, weil er darauf vertraute, das Pferd behalten zu dürfen, sondern lediglich deshalb, weil er dazu momentan gerade verpflichtet war. Folglich kann er solche Kosten nach dieser Ansicht nicht dem Bereicherungsanspruch entgegensetzen.*

Für den Bereich des § 816 Abs.1 S.1 ist grundsätzlich das durch die Verfügung Erlangte, also der Erlös (z.B. der Kaufpreis) herauszugeben. Nun kann es vorkommen, dass der in Anspruch Genommene seinerseits den Bereicherungsgegenstand, über den er verfügte, durch Rechtsgeschäft erworben hat. Fraglich ist dann, ob er seine Aufwendungen zum Erwerb des Gegenstandes der Pflicht zur Herausgabe des Erlöses entgegensetzen kann. Dies wird grundsätzlich abgelehnt.

***Bsp.**: A ist Eigentümer eines Bildes, das D, dem er es geliehen hat, an den bösgläubigen X für 3.000,- Euro veräußert. X veräußert es an den gutgläubigen Y für 4.000,- Euro. - Vom Anspruch des A gegen X auf Herausgabe der 4.000,-Euro aus § 816 Abs.1. S.1 kann X nicht die 3.000,- Euro abziehen, die er an D zahlte.*

Die **verschärfte Haftung nach § 819 Abs.1** setzt voraus, dass der Empfänger den **Mangel des rechtlichen Grundes kennt** oder ihn **später erfährt**. Dabei reicht bloßes Kennenmüssen (Fahrlässigkeit) nicht aus, sondern es ist tatsächlich **positive Kenntnis** von der Rechtsgrundlosigkeit des Erwerbs erforderlich. Ebenfalls ausgeschlossen ist die Berufung auf § 818 Abs.3, wenn der Bereicherungsanspruch bereits **rechtshängig** wurde. Dazu muss dem Bereicherungsschuldner die Klagschrift zugestellt worden sein.

Weitere Fälle des Ausschlusses von § 818 Abs.3 enthalten § 819 Abs.2 und § 820.

Sofern einer der genannten Ausschlussgründe gegeben ist, regelt **§ 818 Abs.4**, dass der Bereicherungsschuldner nach den **allgemeinen Vorschriften** haftet. Diese Haftung beurteilt sich nach **§§ 292, 989**. Er muss also Ersatz leisten, wenn der Gegenstand durch sein Verschulden verschlechtert wird, nicht herausgegeben werden kann oder untergeht.

Es gilt im Übrigen auch die **verschärfte Haftung des § 287 S.2**. Demnach haftet der Bereicherungsschuldner bei Verzug auch für zufälligen Untergang der Sache.

Zum besonderen Problem der verschärften Haftung bei Beteiligung Minderjähriger:
Brox / Walker, Schuldrecht BT, § 39, 19;
eine gute Zusammenfassung bei Dahlkamp, Streitstände Kompakt, Band 4, Streitstand 59.

Die Saldotheorie

Probleme bei der bereichungsrechtlichen Rückabwicklung können sich immer dann ergeben, wenn es sich um gegenseitige Verträge handelt. Da hier Leistung und Gegenleistung durch ein besonders festes Band miteinander verbunden sind, stellt sich die Frage, ob der Wegfall der Bereicherung auf der einen Seite auch Folgen für die andere Seite hat.

Nach der sog. **Zweikondiktionenlehre** hat jede Partei gegen die andere einen Bereicherungsanspruch der **völlig selbständig** zu betrachten ist.

> ***Bsp.**: A verkauft einen Pkw an B. Der Pkw wird zerstört, wofür B Ersatz erhalten hat. Es stellt sich nun heraus, dass der Kaufvertrag zwischen A und B nichtig ist. - Beide Parteien haben gegeneinander Bereicherungsansprüche, A gegen B auf Wertersatz für den Pkw und B gegen A auf Rückzahlung des Kaufpreises. - Nach der Zweikondiktionenlehre stehen diese beiden Ansprüche selbständig und in voller Höhe nebeneinander. Sie können ggf. gegeneinander aufgerechnet werden.*

Problematisch ist die Sachlage dann, wenn eine der beiden Parteien entreichert ist. Dann verbleibt aufgrund der völlig selbständigen Betrachtung der jeweiligen Bereicherungsansprüche einer Partei der volle Bereicherungsanspruch, während der anderen ein Anspruch gem. § 818 Abs. 3 verwehrt wäre.

> ***Bsp.**: Im o.g. Beispiel hat B keinen Ersatz für den Pkw erlangt. - Damit kann B einem Bereicherungsanspruch des A § 818 Abs. 3 entgegen halten, so dass aufgrund der Entreicherung des B dieser keinen Wertersatz an A leisten muss. Andererseits besteht nach wie vor der Bereicherungsanspruch des B gegen den A, dieser kann also Rückzahlung des Kaufpreises verlangen.*

Wegen dieser offenbar nicht sachgerechten Ergebnisse wird heute überwiegend die sog. **Saldotheorie** vertreten. Sie trägt der Tatsache Rechnung, dass die beiden Leistungen durch das Synallagma des gegenseitigen Vertrages miteinander verknüpft sind.

Nach der Saldotheorie besteht lediglich **ein einziger Bereicherungsanspruch** zwischen den Parteien. Dieser ergibt sich durch Saldierung der an sich vorhandenen beiden Bereicherungsansprüche, wonach lediglich in Höhe der Wertdifferenz zugunsten der einen oder anderen Partei ein Anspruch verbleibt.

Zum Streit: Dahlkamp, Streitstände Kompakt, Band 4, Streitstand 56.

Die Saldotheorie führt dazu, dass sich die Einrede des § 818 Abs.3 dann nicht auswirkt, wenn zugunsten des Entreicherten ein Saldo besteht, da er dann Bereicherungsansprüchen nicht ausgesetzt ist. Anders ist die Lage, wenn ein Saldo zu seinen Lasten bestand. Dann schließt § 818 Abs.3 den Bereicherungsanspruch, der (in Höhe des Saldos) gegen den Entreicherten besteht, aus.

Bsp.: *A hat an B seinen Pkw für 4.000,- Euro verkauft. Der Pkw hatte einen objektiven Wert von 3.500,- Euro. Der Pkw wird zerstört. - A hat gegen B einen Anspruch auf Wertersatz in Höhe von 3.500,- Euro, B gegen A einen Anspruch auf Rückzahlung des Kaufpreises in Höhe von 4.000,- Euro. Nach der Saldotheorie verbleibt danach lediglich ein Saldo in Höhe von 500,- Euro zugunsten des B, dieser hat also einen Bereicherungsanspruch in Höhe von 500,- Euro gegen B, wenn der zugrunde liegende Kaufvertrag sich als nichtig herausstellt.*

Bsp.: *A verkauft seinen Pkw für 4.000,00 Euro an B. Der Pkw hat einen objektiven Wert von 5.000,00 Euro. Der Pkw wird zerstört. Nun stellt sich heraus, dass der Kaufvertrag nichtig war. Hier besteht grundsätzlich nach der Saldotheorie ein Saldo zugunsten des A, dieser hätte einen Bereicherungsanspruch in Höhe von 1.000,00 Euro gegen B. Da B jedoch nach § 818 Abs.3 entreichert ist, kann A diesen Bereicherungsanspruch nicht geltend machen.*

Bereits diese Beispiele zeigen, dass nach richtiger Ansicht die Saldotheorie nur dort Anwendung finden kann, wo sich **gleichartige Leistungen** gegenüber stehen. Wird beispielsweise auf der einen Seite die Herausgabe einer Sache geschuldet, und steht auf der anderen Seite ein Geldleistungsanspruch, so verbleibt es bei der Zweikondiktionentheorie.

Beachten Sie: Nach überwiegender Auffassung wird die Saldotheorie nicht zu Lasten solcher Personen angewandt, die nicht voll geschäftsfähig sind.

Der nicht voll Geschäftsfähige soll nach der Wertung des Gesetzes an überhaupt keine Folgen seines rechtsgeschäftlichen Handelns gebunden werden. Da die Saldotheorie aber zumindest von einer teilweisen solchen Bindung durch ihre Saldierung der beidseitigen Rückabwicklungsansprüche ausgeht, meint man, dass in diesen Fällen stets die Zweikondiktionenlehre anzuwenden ist.

Die Saldotheorie soll in folgenden weiteren Fällen ebenfalls nicht zur Anwendung kommen:

- zu Lasten des arglistig Getäuschten
- zu Lasten des widerrechtlich Bedrohten

Zu weiteren Fällen: Brox/Walker § 43,16 ff.

Fall 18:

V verkauft und übereignet K einen gebrauchten Pkw für 8.000,- €. Der Wagen geht kurz darauf ohne Verschulden des K ersatzlos unter. Der Wert des Fahrzeuges lag bei 9.000,- €. Nun stellt sich heraus, dass der Kaufvertrag nichtig war. V verlangt von K Wertersatz für das Fahrzeug. Zu Recht?

Lösungsvorschlag

V könnte gegen K einen Anspruch auf Wertersatz in Höhe von 9.000 € aus § 812 Abs.1 S.1, 1. Fall i.V.m. § 818 Abs.2 haben.

Dann müsste K zunächst etwas erlangt haben. Unter "etwas" ist jeder vermögenswerte Gegenstand zu verstehen. Hier erlangte K Eigentum und Besitz an dem Pkw, den V zur Erfüllung des Kaufvertrages an K übereignete. Folglich hat K etwas erlangt.

Dies müsste durch Leistung des V geschehen sein. Leistung ist jede zweckgerichtete bewusste Mehrung fremden Vermögens. Durch die Eigentumsübertragung wurde das Vermögen des K vermehrt, s.o. Außerdem wendete V das Auto dem K zum Zwecke der Erfüllung des Kaufvertrages zu, handelte also zweckgerichtet und bewusst.

Schließlich müsste ein Rechtsgrund für diese Leistung fehlen. Der Kaufvertrag, der den Rechtsgrund für diese Leistung, ist nichtig. Folglich fehlt ein Rechtsgrund für die Leistung. Damit liegen alle Voraussetzungen des § 812 Abs.1 S.1 vor.

Der Umfang des Bereicherungsanspruchs ergibt sich aus § 812 in Verbindung mit § 818. Grundsätzlich hat der Bereicherungsschuldner die erlangte Sache in natura herauszugeben. Da der übergebene Pkw zerstört wurde, hat K diesen nicht mehr in Besitz. Eine Herausgabe in natura ist daher nicht mehr möglich.

K hat deshalb gem. § 818 Abs.2 Wertersatz zu leisten. Fraglich ist jedoch, wie dieser Anspruch zu berechnen ist. Diese Frage ist umstritten.

Nach der sog. Zweikondiktionenlehre stehen sich bei einem nichtigen gegenseitigen Vertrag, wie hier, zwei selbständige Bereicherungsansprüche gegenüber.

Dies führt dazu, dass zunächst K gegen V einen Anspruch in Höhe von 8.000,- € hat.

Auch hat V gegen K einen Anspruch auf Wertersatz für den untergegangenen Bereicherungsgegenstand in Höhe dessen Wertes, also hier 9000,- €. Da das Fahrzeug bei K wegen der Zerstörung auch vermögensmäßig nicht mehr vorhanden ist, ist der K i. S. d. § 818 Abs.3 entreichert. Somit hätte V keinen Anspruch auf Wertersatz gegen K.

Dagegen sollen sich nach der sog. Saldotheorie bei einem nichtigen gegenseitigen Vertrag, wie hier dem Kaufvertrag, nicht zwei selbständige Bereicherungsansprüche gegenüber stehen, sondern lediglich ein Bereicherungsanspruch in Höhe des sich zu Lasten einer Partei ergebenden Saldos verbleibe. Erst darauf sei § 818 Abs.3 anzuwenden.

Die Anwendung der Saldotheorie setzt also voraus, dass zu Lasten einer Partei ein Bereicherungssaldo besteht. Im vorliegenden Fall steht der Bereicherung des K in Höhe von 9.000,- € auf der anderen Seite eine Bereicherung des V in Höhe von 8.000,- € gegenüber. Saldiert man die beiden Ansprüche, verbleibt ein Saldo zu Lasten des K in Höhe von 1.000,- €. Da es sich um gleichartige Ansprüche (beides Geld) handelt, ist eine derartige Saldierung in diesem Fall auch möglich. Folglich besteht nach der Saldotheorie lediglich ein Bereicherungsanspruch des V gegen K in Höhe von 1.000,- €.

Da K, wie oben festgestellt, entreichert ist, kann er gegen diesen Anspruch des V auch nach der Saldotheorie gem. § 818 Abs.3 Entreicherung einwenden.

Der Streit zwischen beiden Auffassungen ist nur dann zu entscheiden, wenn er zu unterschiedlichen Ergebnissen führt. Da aber wie gerade festgestellt sowohl nach der Saldotheorie wie nach der Zweikondiktionenlehre ein Anspruch gegen V ausscheidet, kommen die Ansichten nicht zu unterschiedlichen Ergebnissen. Der Streit kann deshalb dahinstehen.

Für die Saldotheorie spricht m. E., dass sie nur die wirtschaftlich wirklich bestehende Bereicherung abschöpft und vor allem den Fällen des § 818 Abs.3 in vernünftiger Weise Rechnung trägt. Daher ist sie zumindest in den meisten Fällen vorzugswürdig.

Also hat V gegen K keinen Anspruch auf Wertersatz in Höhe von 9.000,- Euro aus § 812 Abs.1 S.1 in Verbindung mit § 818 Abs.2.

§§§§§§§§§§§§§§§§§§§§§§§§

Wiederholungsfragen zum 8. Kapitel

1. Wo ist der Umfang des Herausgabeanspruchs geregelt?	In § 818
2. Wonach richtet sich der Wertersatz?	Nach dem objektiven Verkehrswert
3. Voraussetzungen des § 818 Abs.3?	Entreicherung; kein Ausschluss nach §§ 818 Abs.4, 819
4. Was ist für die Frage der Entreicherung maßgebend?	Wirtschaftliche Betrachtungsweise
5. Wann fehlt es danach an einer Bereicherung?	Wenn die Bereicherung in keiner, also auch in anderer Form nicht mehr besteht
6. Wann greift § 818 Abs.3 nicht ein?	Bei verschärfter Haftung nach §§ 819, 818 Abs.4
7. Welche Aufwendungen sind bei der Berechnung der Bereicherung abzuziehen?	Str.; Rspr.:adäquat kausale Aufwendungen
8. Wie werden gegenseitige Verträge bereicherungsrechtlich abgewickelt?	Str.: nach der Saldotheorie bzw. der Zweikondiktionenlehre
9. Was besagt die Saldotheorie?	Es besteht lediglich ein Bereicherungsanspruch zugunsten der Partei, der bei Saldierung der Bereicherungsansprüche ein Anspruch in Höhe eines Saldos verbleibt
10. Wann wird die Saldotheorie u.a. nicht angewendet?	Zu Lasten beschränkt Geschäftsfähiger

DRITTER TEIL

GESCHÄFTSFÜHRUNG OHNE AUFTRAG

1. Kapitel
Allgemeines zur Geschäftsführung ohne Auftrag

Die Geschäftsführung ohne Auftrag (kurz GoA) soll einen Ausgleich in den Fällen schaffen, in denen jemand in fremder Rechtssphäre tätig wurde. Sowohl die Aufwendungen des Geschäftsführers wie auch die Erträge aus der Geschäftsführung müssen der Sachlage entsprechend verteilt werden. Andererseits soll die Regelung aber auch davor schützen, dass jedermann durch Handeln in fremder Rechtssphäre Ansprüche gegen den Betreffenden erwerben und geltend machen kann.

Bei der GoA unterscheidet man die **echte GoA** und die **Eigengeschäftsführung**. Bei der echten GoA unterscheidet man weiter zwischen **berechtigter** und **unberechtigter GoA**. Bei der Eigengeschäftsführung wird zwischen **vermeintlicher** und **unechter GoA** unterschieden.

Übersicht über die Erscheinungsformen der GoA

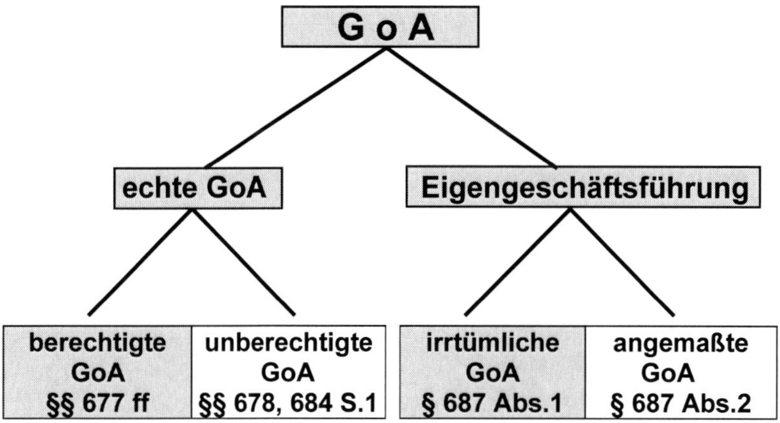

2. Kapitel
Die Erscheinungsformen der GoA

Die berechtigte GoA

Die berechtigte GoA ist in §§ 677 ff ausführlich geregelt.

Voraussetzungen der berechtigten GoA

1. Geschäftsbesorgung
2. Fremdes Geschäft
3. Fremdgeschäftsführungswille
4. Fehlen eines die Geschäftsführung deckenden Rechtsverhältnisses
5. Berechtigung zur Geschäftsbesorgung.

Unter **Geschäftsbesorgung** versteht man jede Tätigkeit in fremdem Interesse.

Ein **fremdes Geschäft** (str., ob als Tatbestandsmerkmal erforderlich) liegt stets dann vor, wenn es sich um ein **objektiv fremdes Geschäft** handelt, also es bereits dem äußeren Anschein nach in eine fremde Geschäfts- und Interessensphäre fällt.

***Bsp.**: Retten einer anderen Person, Retten fremder Sachen vor Gefahren und Zerstörung*

Fremd ist ein Geschäft auch dann, wenn es sich um ein **subjektiv fremdes Geschäft** handelt, also wenn der Geschäftsführer es in der Absicht vornahm, damit fremden Interessen zu dienen, äußerlich das Geschäft aber neutral und somit nur schwer einzuordnen und deshalb nicht eindeutig war. Es bedarf daher der Prüfung im Einzelfall, welchen Zweck der Geschäftsführer mit dem jeweiligen Verhalten verfolgte.

***Bsp.**: A hebt einen Gegenstand auf, den B verloren hat. - Da nach dem äußeren Anschein nicht ersichtlich ist, ob A die Sache dem B zurückgeben (dann fremdes Geschäft) oder ob er sie behalten will (dann eigenes Geschäft), handelt es sich um ein äußerlich indifferentes, also neutrales Geschäft, bei dem es auf die subjektive Willensrichtung ankommt.*

Der **Fremdgeschäftsführungswille** setzt voraus, dass der Geschäftsführer das Geschäft bewusst für einen anderen führt. Er muss also wollen, dass das Ergebnis seiner Geschäftsführung dem anderen zukommt. Sofern der Geschäftsführer daneben auch eigene Interessen verfolgt, ist dies unschädlich. Verfolgt er ausschließlich eigene Interessen, fehlt der Fremdgeschäftsführungswille.

Nach der Rechtsprechung wird ein derartiger Fremdgeschäftsführungswille bei objektiv fremden Geschäften vermutet. Erst bei Vorliegen besonderer Anzeichen soll hier ausnahmsweise von einem eigenen Geschäft auszugehen sein.

Bei subjektiv fremden Geschäften muss der Fremdgeschäftsführungswille dagegen nach außen erkennbar geworden sein.

Problematisch ist, ob der Fremdgeschäftsführungswille entfällt, wenn der Geschäftsführer zu der Tätigkeit verpflichtet war. Eine solche Verpflichtung kann sich einmal aus Rechtsgeschäft ergeben, z.B. wenn der Geschäftsführer vom Geschäftsherrn mit der Geschäftsführung beauftragt wurde. Auftrag in diesem Sinne ist jeder verpflichtende Vertrag, also nicht nur solche gem. § 662. Zum anderen kann sich die Verpflichtung zum Tätigwerden auch aus Gesetz ergeben. Entscheidend dürfte der Wille des Geschäftsführers im Einzelfall sein, also ob er nur seine Verpflichtung erfüllen oder zumindest auch fremden Interessen dienen wollte.

Siehe dazu die differenzierende Darstellung bei Brox/Walker § 35, 13ff.

Das **Fehlen eines die Geschäftsführung deckenden Rechtsverhältnisses** beschreibt das Gesetz mit "...ohne beauftragt oder ihm gegenüber sonst dazu berechtigt zu sein". Bestand also für die Tätigkeit des Geschäftsführers eine vertragliche (z.B. Auftrag, Dienst- oder Werkvertrag) oder gesetzliche Pflicht, scheidet eine GoA aus. Damit überschneidet sich diese Frage mit der gleichgelagerten beim Fremdgeschäftsführungswillen, s.o.

Nach überwiegender Ansicht muss die vertraglich begründete Verpflichtung nicht wirksam sein!

Beachten Sie: allgemeine öffentlich-rechtliche Pflichten, so insbesondere die allgemeine Hilfeleistungspflicht des § 323 c StGB, begründen keine Pflicht in diesem Sinne.

Die **Berechtigung für eine Geschäftsbesorgung** ergibt sich aus §§ 683 S.1, 683 S.2, 684 S.2.

In **Fällen des § 683 S.1** ist erforderlich, dass die dort aufgezählten Erfordernisse für die Übernahme der Geschäftsführung gegeben waren.

Dazu muss die Geschäftsführung

1. dem Interesse und
2. dem wirklichen oder dem mutmaßlichen Willen des Geschäftsherrn entsprechen

Dabei ist das Interesse objektiv zu beurteilen. Hinsichtlich des Willens kommt es zunächst auf einen etwa vorhandenen wirklichen Willen an, nur sofern dieser nicht erkennbar ist, kommt der mutmaßliche Wille in Betracht. Die Mutmaßlichkeit ist ebenfalls objektiv zu bestimmen.

Nach dem Wortlaut der Vorschrift bedarf es sowohl eines Interesses wie eines Willens für die berechtigte GoA. Es ist aber umstritten, ob bei Bestehen eines wirklichen Willens zusätzlich ein objektives Interesse vorhanden sein muss.

Fälle des § 683 S.2 liegen vor, wenn zwar die Übernahme des Geschäfts durch den Geschäftsführer dem objektiven Interesse des Geschäftsherrn entspricht, doch seinem wirklichen Willen zuwider läuft. § 683 S.2 verweist dann auf § 679 und verlangt daher, dass die Geschäftsbesorgung entweder einer Pflicht des Geschäftsherrn entspricht, die im öffentlichen Interesse liegt, oder dass es sich um eine gesetzliche Unterhaltspflicht des Geschäftsherrn handelt.

Beachten Sie: es muss dabei um Rechtspflichten gehen, bloße Sitten- oder Anstandspflichten genügen nicht!

Im **Falle des § 684 S.2** folgt die Berechtigung der GoA aus einer Genehmigung des Geschäfts durch den Geschäftsherrn.

Beachten Sie: eine solche Genehmigung kann auch schlüssig erfolgen. Insbesondere wird sie dann anzunehmen sein, wenn der Geschäftsherr das durch die Geschäftsführung Erlangte vom Geschäftsführer herausverlangt. Denn die Herausgabe des Erlangten ist gerade die Rechtsfolge der berechtigten GoA nach §§ 677, 681 S.2, 667 (s.u.).

Die Rechtsfolgen berechtigter GoA

Für den Geschäftsführer ergibt sich aus §§ 677, 681 die Pflicht, das Geschäft ordnungsgemäß zu führen. Bei schuldhafter Pflichtverletzung haftet er grundsätzlich nur nach den allgemeinen Vorschriften, insbes. §§ 280 ff und §§ 823 ff, auf Schadensersatz. Haftungserleichterungen enthält § 680 für Fälle der Gefahrenabwehr. Beachten Sie dazu, dass es ausreicht, wenn sich der Geschäftsführer die Gefahr lediglich vorgestellt hat.

Die **Pflichten des Geschäftsherrn** regelt § 683. Danach hat er dem Geschäftsführer dessen Aufwendungen nach §§ 677, 683 S.1, 670 zu ersetzen. Diese Pflicht kann aber nach § 685 eingeschränkt sein und bei entstandenen Schäden kann eine Mitverantwortung des Geschäftsführers nach § 254 zur Minderung des Aufwendungsersatzes in Betracht kommen.

Wenn es bei der Geschäftsführung zu Schäden auf Seiten des Geschäftsführers kommt, kann er wie beim Auftrag Schadensersatz über § 670 für die Schäden erhalten, die typischerweise mit einer solchen Tätigkeit einhergehen.

Vgl. zum Auftrag auch JURISTISCHE GRUNDKURSE, Band 5, Schuldrecht BT 2

Nur anteilig erhält der Geschäftsführer Aufwendungsersatz, wenn er neben den fremden Interessen auch eigene Zwecke mit dem Geschäft verfolgte.

Die unberechtigte GoA

Die **Voraussetzungen der unberechtigten GoA** stimmen mit denen der berechtigten vom Pkt.1. bis 4. überein. Allerdings fehlt dann die Berechtigung i.S.d. Punktes 5.

Es kommt für die unberechtigte GoA deshalb darauf an, dass die Geschäftsführung weder dem mutmaßlichen noch dem wirklichen Willen, oder dem objektiven Interesse des Geschäftsherrn entsprach.

Folge der unberechtigten GoA ist nach § 684 S.1 die Pflicht des Geschäftsherrn zur Herausgabe der erlangten Bereicherung nach §§ 812 ff. Dabei handelt es sich nach überwiegender Ansicht um eine **Rechtsfolgenverweisung**, so dass die Voraussetzungen der §§ 812 ff nicht mehr zu prüfen sind.

Str. ist, ob den Geschäftsführer weitergehende Pflichten treffen, so Anzeige der Geschäftsführung (§ 681 S.1), Rechenschaftspflicht (§§ 681 s.2, 666), Schadensersatz (§ 677), Herausgabe (§§ 681 S.2, 667).

Weiter kommt auch die Anwendung der §§ 823ff in Betracht, wenn es zu Rechtsgutverletzungen gekommen ist.

Nach § 678 besteht darüber hinaus ein Schadensersatzanspruch zugunsten des Geschäftsherrn, wenn der Geschäftsführer hätte erkennen müssen, dass seine Geschäftsführung im Widerspruch zum wirklichen oder mutmaßlichen Willen oder zum objektiven Interesse des Geschäftsherrn stand.

Beachten Sie: die Haftungserleichterungen des § 680 gelten auch für die unberechtigte GoA!

Die Eigengeschäftsführung

Die Eigengeschäftsführung ist in § 687 Abs.1 (vermeintliche oder irrtümliche GoA) und Abs.2 (angemaßte oder unerlaubte GoA) geregelt.

Aus § 687 Abs.1 ergibt sich, dass in diesen Fällen das **gesetzliche SchV der §§ 677 ff nicht entsteht.**

Die sog. irrtümliche (vermeintliche) GoA, § 687 Abs.1

Voraussetzungen der irrtümlichen GoA

1. Geschäftsbesorgung
2. Objektiv fremdes Geschäft
3. Kein Fremdgeschäftsführungswille
4. Geschäftsführer hält dieses Geschäft für sein eigenes

Rechtsfolge der irrtümlichen GoA

Die §§ 677 - 686 sind nicht anwendbar. Ein Interessenausgleich kommt nur nach den allgemeinen Vorschriften, z.B §§ 812 ff; 823 ff; 946 ff; 987 ff, in Betracht.

Die angemaßte (unerlaubte) GoA, § 687 Abs.2

In den Fällen unechter Geschäftsführung nach Abs.2 geht es darum, dass jemand ein fremdes Geschäft wissentlich als eigenes behandelt. Diese Fälle werden auch unerlaubte Eigengeschäftsführung genannt.

Voraussetzungen der angemaßten GoA

1. Geschäftsbesorgung
2. Objektiv fremdes Geschäft
3. Kein Fremdgeschäftsführungswille
4. Geschäftsführer behandelt Geschäft wider besseres Wissen als sein eigenes

Der Unterschied zwischen Abs.1 und Abs. 2 liegt also im unterschiedlichen Bewusstsein im Hinblick auf die Geschäftsführung.

Rechtsfolgen der angemaßten GoA

1. Schadensersatz gem. §§ 687 Abs.2, 678.
2. Herausgabeanspruch gegen Geschäftsführer auf das durch die Geschäftsführung Erlangte, §§ 687 Abs.2 S.1, 681, 667. Nach §§ 687 Abs.2 S.2 haftet der Geschäftsherr seinerseits dann aber nach § 684 S.1, muss also das durch die Geschäftsführung Erlangte an den Geschäftsführer herausgeben. Dies erscheint widersinnig, denn dann müsste er genau das herausgeben, was er zuvor nach Satz 1 erhalten hat. Gemeint ist damit, dass der Geschäftsführer Aufwendungsersatz nur bis zur Höhe der Bereicherung des Geschäftsherrn fordern darf.

Beachten Sie: eine weitergehende Haftung des Geschäftsführers ergibt sich aus Bereicherungs- und Deliktsrecht. Berücksichtigen Sie dabei aber die Ausschlussfunktion der §§ 987 ff für diese Fälle. Näheres dazu im Sachenrecht.

Fall 19:

A fährt mit seinem Pkw vorschriftsmäßig durch A-Dorf. Fußgänger F stolpert (schuldlos) und fällt vor den Wagen des A. A hat keine andere Möglichkeit, als sein Fahrzeug bei einem Ausweichmanöver gegen einen Baum zu lenken. Das Fahrzeug wird zerstört. A verlangt von F Ersatz des Kfz-Schadens. Zu Recht?

Lösungsvorschlag

A könnte gegen F einen Anspruch auf Ersatz seines Schadens aus §§ 677, 683 haben.

Dann müssen zunächst die Voraussetzungen für eine GoA gem. § 677 vorliegen. Dies setzt eine Geschäftsbesorgung durch A voraus. Geschäftsbesorgung ist jede Tätigkeit in fremdem Interesse. Hier ist A ausgewichen, um so Leben und Gesundheit des F zu schonen. Er hat somit im Interesse des F, also in fremdem Interesse, gehandelt.

Weiter müsste diese Geschäftsbesorgung ein fremdes Geschäft darstellen. Ein solches liegt vor, wenn es sich um ein objektiv fremdes Geschäft handelt, es also bereits nach äußerem Anschein in eine fremde Interessensphäre fällt. Da A den F rettet, diese Tätigkeit also vorrangig der Interessensphäre des F zuzurechnen ist, liegt ein objektiv fremdes Geschäft vor.

Das Handeln des A müsste von einem Fremdgeschäftsführungswillen getragen sein. Ein Fremdgeschäftsführungswille setzt voraus, dass der Geschäftsführer das Geschäft bewusst für einen anderen führt. Da es sich um ein objektiv fremdes Geschäft handelt, kann ein solcher Fremdgeschäftsführungswille vermutet werden. Anzeichen für einen Willen des A, das Geschäft ausschließlich als eigenes zu führen, sind nicht ersichtlich. Der Fremdgeschäftsführungswille ist damit ebenfalls gegeben.

Schließlich darf kein Rechtsverhältnis, das diese Geschäftsbesorgung zum Inhalt hat, existieren. Da zwischen A und F keinerlei vorheriger Kontakt bestand, kommt eine rechtsgeschäftliche Verpflichtung des A nicht in Betracht. Aber auch aus dem gesetzlichen Bereich kann mangels einer entsprechenden Garantenstellung des A gegenüber F keine Handlungspflicht folgen. Die allenfalls in Betracht kommenden allgemeinen Hilfspflichten, reichen für den Bereich der GoA gerade nicht als geschäftsdeckendes Rechtsverhältnis aus. Damit fehlt es an einem entsprechenden Rechtsverhältnis, so dass die Voraussetzungen des § 677 gegeben sind.

Weiter ist für einen Ersatzanspruch aus berechtigter GoA erforderlich, dass eine Berechtigung im Sinne des § 683 gegeben ist. Dazu müsste die Geschäftsführung dem Interesse und dem mutmaßlichen oder wirklichen Willen des Geschäftsherrn entsprechen.

Das Ausweichmanöver müsste daher dem Interesse des F entsprochen haben. Da A "keine andere Möglichkeit hatte", konnte er nur auf diese Weise F vor schweren Schäden bewahren. Der Erhalt von Leben und Gesundheit liegt objektiv im Interesse jedes Menschen, so also hier des Geschäftsherrn F.

Da im vorliegenden Fall F keinen ausdrücklichen Willen artikuliert hat, wird man auf den mutmaßlichen Willen des F abstellen müssen. Dieser dürfte dahingehen, sein Leben zu schützen. Dies war nach dem Sachverhalt nur durch das vorgenommene Ausweichmanöver möglich, also entsprach die Geschäftsführung durch A dem mutmaßlichen Willen des F.

Damit liegen die Voraussetzungen für eine berechtigte GoA vor. Also hat A Anspruch auf Ersatz seiner Aufwendungen. Fraglich ist jedoch, ob unter Aufwendungsersatz auch unfreiwillige Vermögensopfer zu erfassen sind. Grundsätzlich sind Aufwendungen nur freiwillige Vermögensopfer. Ersetzt werden sollen darüber hinaus im Bereich der Geschäftsführung ohne Auftrag aber auch solche Vermögenseinbußen, die einen Schaden darstellen, also unfreiwillige Vermögensopfer sind, sofern sie typische Folge eines derartigen Geschäftes sind. Die Zerstörung des Autos folgte aus dem von A vorgenommenen Ausweichmanöver. Um das Leben und die Gesundheit des F zu schützen, stellte dieses Ausweichmanöver jedoch die einzige Möglichkeit dar. Dass bei einem derartigen Ausweichmanöver ein solcher Schaden eintritt, liegt auch nicht außerhalb aller Lebenswahrscheinlichkeit, so dass der Schaden sich als typische Folge der Geschäftsführung darstellt.

Damit ist der Schaden über §§ 683, 670 ersatzfähig.

Also hat A gegen F Anspruch auf Schadensersatz aus §§ 677, 683, 670.

Grundsätzlich ist in Fällen, wie dem hier vorliegenden, nach den Regeln über die Vorteilsausgleichung zu prüfen, ob A durch die Geschäftsführung anderweitig Aufwendungen erspart und somit einen Vorteil erlangt hat. Hier käme eine Beschädigung des Wagens in Betracht, die sonst durch einen Zusammenprall mit F hätte eintreten können. Allerdings ist beim Überfahren eines auf der Fahrbahn liegenden Fußgängers nicht damit zu rechnen, dass der Unfall Schäden am Fahrzeug des A verursacht hätte. Somit scheidet schon deshalb eine Minderung des Ersatzanspruches nach den Grundsätzen über die Vorteilsausgleichung aus.

§§§§§§§§§§§§§§§§§§§§§§

Wiederholungsfragen zum 3. Teil

1. Wie unterscheidet man bei GoA?	Echte GoA und Eigengeschäftsführung
2. Wie wird die echte GoA unterteilt?	Berechtigte und unberechtigte GoA
3. Voraussetzungen der berechtigten GoA?	Besorgung fremden Geschäfts; Fremdgeschäftsführungswille (FGW); kein Rechtsverhältnis; Berechtigung zur GoA
4. Wann liegt stets ein fremdes Geschäft vor?	Bei objektiv fremd erscheinenden Geschäften
5. Wie bei äußerlich neutralen Geschäften?	Ausreichend, wenn es mit der Absicht vorgenommen wird, damit fremden Interessen zu dienen
6. Wie ist die Verfolgung eigener Zwecke bzgl. des FGW zu beurteilen?	Unschädlich, sofern nicht nur eigene Zwecke verfolgt werden
7. Woraus ergibt sich die Berechtigung zur GoA?	§§ 683 S.1, 683 S.2, 684 S.2
8. Rechtsfolge berechtigter GoA?	Pflichten des Geschäftsherrn: §§ 683 i.V.m. 670; Pflichten des Geschäftsführers: §§ 677, 681
9. Wie unterscheidet sich die unberechtigte von der berechtigten GoA?	Die Berechtigung zur Besorgung des fremden Geschäftes fehlt
10. Rechtsfolge der unberechtigten GoA?	§ 684 S.1 i.V.m. §§ 812 ff und § 678
11. Wie wird bei Eigengeschäftsführung unterschieden?	irrtümliche und angemaßte GoA
12. Folge der irrtümlichen GoA?	§§ 677 ff nicht anwendbar, es gelten die allg. Vorschriften
13. Was beschreibt die angemaßte GoA?	Wissentliche Behandlung fremder Geschäfte als eigene

Leseempfehlung zur Vertiefung

25 Fälle, Band 2, BGB Schuldrecht, von Backhouse/Rauda/Zenthöfer
zum Deliktsrecht: Fälle 14-17
zum Bereicherungsrecht: Fälle 18 -22
zur GoA: Fälle 23-25
alle mit Lösung im Gutachtenstil!

Streistände Kompakt Band 4 BGB Schuldrecht, von Dahlkamp/Diehn
enthält wichtige Streitstände klausurgerecht aufbereitet

Stichwortverzeichnis